V&R

Horst Spittler

Bibel, Jesus,
Gott und Kirche

Den Glauben verstehen

Mit 23 Abbildungen

Vandenhoeck & Ruprecht

Bibliografische Information der Deutschen Nationalbibliothek

Die Deutsche Nationalbibliothek verzeichnet diese Publikation in der
Deutschen Nationalbibliografie; detaillierte bibliografische Daten sind
im Internet über http://dnb.d-nb.de abrufbar.

ISBN 978-3-525-60006-1

© 2007 Vandenhoeck & Ruprecht GmbH & Co. KG, Göttingen
Internet: www.v-r.de
Druck und Bindung: ⊕ Hubert & Co, Göttingen

Inhalt

Vorwort

Keine Frage: Religion hat Konjunktur, zumindest, wenn man das Medieninteresse als Indikator dafür nimmt, was jeweils Konjunktur hat. Man denke an die große mediale Anteilnahme am Siechtum und Tod Papst Johannes Pauls II., an der Wahl seines Nachfolgers Benedikt XVI. oder am Weltjugendtag 2005 in Köln. Nicht zufällig betreffen alle drei von den Medien perfekt in Szene gesetzten Ereignisse die katholische Kirche, der schon immer die religiöse Inszenierung näher gelegen hat als der eher spröden lutherische oder gar reformierten Kirche. Die Frage ist allerdings, ob hinter dem Interesse der Menschen an solchen Veranstaltungen mehr steckt als die flüchtige Begeisterung für ein spektakuläres »Event«, das sich wie ein Pop-Konzert konsumieren lässt und das schon morgen durch das nächste abgelöst wird. Als Ausdruck christlicher Glaubensüberzeugung wird man dieses Interesse jedenfalls nicht bei allen verstehen dürfen. Die Zahl der Teilnehmer an gewöhnlichen und regelmäßigen kirchlichen Veranstaltungen ohne »Event«-Charakter ist eher rückläufig, etwa die Zahl der sonntäglichen Gottesdienstbesucher. Der Anziehungskraft von singulären religiösen Massenveranstaltungen stehen Schließung und Verkauf von fast hundert Kirchengebäuden allein im Bistum Essen gegenüber.

Das Bedürfnis nach Religion scheint zwar wieder zuzunehmen, doch stillen es viele Menschen nicht mehr allein bei den beiden großen christlichen Kirchen. Sekten aller Schattierungen und auch nicht christliche »Transzendenzanbieter« verzeichnen einen wachsenden Zulauf. Man wählt aus den reichhaltigen religiösen Angeboten ein Element aus dieser, ein anderes aus jener Religion aus und stellt sich so seinen eigenen »Patchwork«-Glauben zusammen. Das erklärt das widersprüchliche Erscheinungsbild, das sich heute im Verhalten vieler Menschen dem Christentum gegenüber zeigt. Weithin wird es nicht mehr als umfassendes Welt- und tragfähiges Existenzverständnis wahrgenommen. Das liegt nicht zuletzt an einem Mangel an Grundwissen über das Wesen des christlichen Glaubens. Im Vergleich zu den Kenntnissen aus anderen Wissenschaftsbereichen ist im Durchschnitt das theologische Wissen unserer Bevölkerung eher gering.

Dieses Defizit ein wenig zu verringern ist das Ziel dieses Buches. Es wendet sich nicht an den Fachmann, den Theologen, sondern an den interessierten Laien, setzt keine theologischen Grundkenntnisse voraus, sondern will diese in konzentrierter Form vermitteln. Das erklärt seine in einem weiteren Sinne didaktische Konzeption, wozu der Verzicht auf eine spezifisch theologische Terminologie gehört, soweit dies möglich ist. Unverzichtbare Fachbegriffe werden im Text erklärt, wichtige Namen und Begriffe (*) im Glossar erläutert. Verzichtet wird auf eine Auseinandersetzung mit der einschlägigen Fachliteratur. Dafür werden Auszüge aus m.E. grundlegenden und teilweise bereits klassischen Texten in die Darlegung eingefügt. Die Fußnoten beschränken sich mit wenigen Ausnahmen auf den Nachweis von Zitaten.

Das Buch beschäftigt sich – auch dies eine Beschränkung – mit den vier für den christlichen Glauben zentralen Begriffen Bibel, Jesus, Gott und Kirche. An ihnen entzünden sich die elementaren Fragen, die von außen an das Christentum gerichtet werden, die aber ebenso Christen an ihre eigene Religion stellen:

- Wie glaubwürdig ist die Bibel?
- Wer war Jesus und welche Bedeutung hat Jesus heute?
- Gibt es Gott und wie kann man sich ihn vorstellen?
- Welche Rolle spielt die Kirche für den Glauben?

Die hier gegebenen Antworten sind der Überzeugung verpflichtet, dass Glaube und Vernunft keinen Gegensatz bilden, sondern zwei komplementäre Fähigkeiten des Menschen bezeichnen. Schon zur Zeit der Aufklärung vertrat man die Auffassung, dass niemandem zugemutet werden dürfe, »etwas zu glauben, was nicht auf einer übereinstimmenden Aussage seiner Vernunft und der Bibel beruht« (Joachim Heinrich Campe). In diesem Sinn möchte das Buch einen »vernünftigen« Glauben befördern helfen.

Die Bibel – Buch des Glaubens

Neues Testament

Die Betrachtung der Bibel mit ihrem zweiten Teil, dem Neuen Testament, zu beginnen, mag unorthodox erscheinen. Es ist jedoch keineswegs selbstverständlich, dass das Alte Testament, das Glaubensbuch des Judentums, in die christliche Bibel übernommen worden ist. Wie die Bezeichnungen Altes und Neues Testament nahezulegen scheinen, könnte man aus christlicher Sicht das alte als durch das neue Testament ersetzt und damit als außer Kraft gesetzt ansehen. Diese Auffassung ist im Laufe der Theologiegeschichte tatsächlich gelegentlich vertreten worden. Die Berufung des Christentums auf das Alte Testament bedarf also sehr wohl einer Begründung, und da diese nur aus dem Neuen Testament zu gewinnen ist, bestimmt dies die Reihenfolge der Betrachtung.

1. Entstehungsgeschichte

Die Anordnung der neutestamentlichen Schriften, wie wir sie in der Bibel vorfinden, entspricht nicht der Reihenfolge ihrer Entstehung. Nicht die Evangelien stehen am Anfang der Überlieferung, sondern die Briefe des Apostels Paulus. Allerdings stammen nicht alle ihm zugeschrieben Briefe von Paulus selbst. Von den echten Paulusbriefen ist der erste Brief an die Thessalonicher der älteste und damit zugleich der älteste neutestamentliche Text. Er ist von Paulus etwa im Jahre 50 n.Chr. diktiert und, wie es im Altertum üblich war, mit einer eigenhändigen Schlussbemerkung versehen worden. Die meisten der echten Paulusbriefe sind Antwortschreiben. Nachdem Paulus auf seinen Missionsreisen in verschiedenen Städten, in Thessalonich oder Korinth, Gemeinden gegründet hatte, verließ er diese nach kurzer Zeit wieder, um weiterzuziehen und die christliche Botschaft an anderen Orten zu verkünden. Kein Wunder, dass in diesen jungen Gemeinden nach so kurzer Einübungszeit ins Christentum alsbald das ein oder andere Problem auftauchte, für dessen Lösung man Hilfe und Klärung, Rat und Entscheidung von Paulus erbat. Die schriftlichen Anfragen an Paulus sind nicht erhalten geblieben, wohl aber zahlreiche Abschriften seiner Antwortbriefe, in denen es meist um die Klärung grundsätzlicher Fragen der christlichen Lehre und des christlichen Lebens ging. Deshalb waren Paulus' Antworten häufig nicht nur für die Gemeinde interessant, an die der Brief gerichtet war, sondern auch für Nachbargemeinden mit vielleicht ähnlichen Problemen. So wurde der Brief herumgereicht und vielfältig abgeschrieben.

Die drei ersten Evangelien, Matthäus, Markus und Lukas, und die Apostelgeschichte werden zwischen 70 und 90 n.Chr. datiert, das johanneische Schrifttum, d.h. das vierte Evangelium, die drei Johannesbriefe und die Offenbarung des Johannes, zwischen 90 und 100 n.Chr. Als letzte neutestamentliche Schrift mit einem schon beträchtlichen Abstand zur Zeit Jesu ist der zweite Petrusbrief verfasst worden, der zwischen 120 und 130 n.Chr. angesetzt wird und damit zeitlich aus dem Rahmen des neutestamentlichen Schrifttums fällt. Aus dem Rahmen fällt auch die Offenbarung des Johannes, allerdings nicht zeitlich, sondern inhaltlich. Sie gehört ihrer literarischen Form nach zu der um die Zeitenwende verbreiteten Gattung der Apokalypsen und verdankt ihre Entstehung der Erwartung des nahen Weltendes und des darauf folgenden Anbruchs der Gottesherrschaft. In dieser Naherwartung lebten zu jener Zeit sowohl die Juden als auch die frühen Christen. Sie hat ihre Spuren in einigen Paulusbriefen hinterlassen, wenn Paulus z.B. der Gemeinde in Korinth die Ehelosigkeit anrät und die Ehe nur als kleineres Übel gegenüber einer unzüchtigen Lebensweise gelten lässt (1 Kor 7–10). Dies ist nur auf dem Hintergrund der Überzeugung zu verstehen, dass es sich angesichts des nahen Weltendes nicht mehr lohne, zu heiraten und eine Familie zu gründen, sondern man sich lieber auf das unmittelbar bevorstehende Ereignis konzentrieren solle. Die gleiche Erklärung findet das gerade aus christlicher Sicht unverständliche Verhalten des Paulus gegenüber einem seinem Herrn entlaufenen und zu ihm geflüchteten Sklaven: Er schickt ihn schickt ihn kurzerhand mit der Auskunft zu seinem Herrn zurück, dass er ja im Geiste schon durch Jesus befreit sei und die kurze noch verbleibende Zeitspanne der äußeren Knechtschaft einen solchen unrechtmäßigen Schritt nicht lohne, wie ihn die Flucht eines Sklaven darstellte. Den Sklavenhalter ermahnt Paulus lediglich, den Entlaufenen gütig aufzunehmen und als christlichen Bruder zu behandeln (Phlm).

Man kann solche Ansichten und solches Verhalten aus dem Zeitgeist heraus erklären, nachvollziehen oder gar rechtfertigen lassen sie sich heute nicht mehr. Nur schwer nachzuvollziehen ist auch die Offenbarung des Johannes mit ihrer verwirrenden Zahlenmystik und Tiersymbolik. Ihre Aufnahme in das Neue Testament war lange Zeit umstritten.

Erst ganz allmählich und nur mit Mühe lernten die frühen Christen zu begreifen, dass die Naherwartung sich nicht erfüllte, die Gottesherrschaft und die nach christlicher Vorstellung damit verbundene Wiederkehr Christi ausblieben. Diese schmerzliche Erfahrung stellte eine erste ernsthafte Bewährungsprobe für das junge Christentum dar. Aber schließlich schaffte man es, sich darauf einzustellen, es noch eine Weile in dieser Welt aushalten zu müssen. Dieser Prozess von der unbedingten Naherwartung bis zu den ersten Anzeichen eines Sich-Einrichtens in dieser Welt setzte noch während der Entstehungszeit der neutestamentlichen Schriften ein und fand darin seinen Niederschlag. Hatte man angesichts der Naherwartung keine Notwendigkeit verspürt, Regeln für ein christliches Zusammenleben aufzustellen, so konnte man, je länger die Wiederkunft Christi auf sich warten ließ, desto weniger darauf verzichten. In einigen Paulus zu Unrecht zugeschriebenen Briefen finden sich mit den so genannten Haustafeln* erste Anweisungen für den Umgang der Christen miteinander in der Hausgemeinschaft. Das sind, wenn man so will, die Anfänge einer christlichen Ethik.

Der erste neutestamentliche Schriftsteller, der das Christentum unter geschichtlichem Aspekt betrachtet und seine geschichtliche Dimension positiv begreift, ist Lukas, der Verfasser des dritten Evangeliums und der Apostelgeschichte. Auch wenn man diese beiden Werke, die für ihren Autor eine Einheit bilden, nicht als Geschichtsschreibung im modernen Sinne bezeichnen kann, ist Lukas von allen vier Evangelisten derjenige mit dem größten historischen Interesse und Anspruch und der erste, der ein christliches Geschichtsbewusstsein entwickelt hat.

2. Kanonbildung

Die Form, in der das Neue Testament heute vorliegt, hat es, was vielleicht überraschen mag, erst gegen Ende des vierten nachchristlichen Jahrhunderts erhalten. Der Entscheidungsprozess darüber, welche Schriften als verbindlich für das Christentum anzusehen sind, hat sich also über mehrere Jahrhunderte hingezogen. Aber auch nach diesem Zeitpunkt ist die Geltung nicht aller in den Kanon aufgenommenen Schriften unumstritten. So bestanden zwischen den Gemeinden des weströmischen und des oströmischen Reiches in der Kanonfrage Meinungsverschiedenheiten, die später auch andere Bereiche des kirchlichen Lebens und des Verhältnisses von Kirche und Staat erfasst und schließlich (1054) zur ersten Spaltung der Christenheit in die römisch-katholische und die orthodoxe Kirche geführt haben. Die griechische Kirche hat sich lange dagegen gewehrt, zwei auch andernorts umstrittene Schriften, nämlich den Hebräerbrief und die Johannes-Apokalypse, als kanonisch anzuerkennen. Umgekehrt haben dort Schriften lange Zeit ein hohes Ansehen genossen, die von der römischen Kirche abgelehnt worden sind.

Keineswegs also haben die einzelnen Schriften des Neuen Testaments überall gleichzeitig kanonische Geltung erlangt. Während man sich über die vier Evangelien und einige der Paulus zugeschriebenen Briefe recht früh und nahezu überall einig gewesen ist, bleiben andere Briefe und Schriften lange umstritten und finden zunächst nur regionale Anerkennung. Daraus lässt sich zumindest indirekt eines der Kriterien entnehmen, die für die Zusammenstellung des Kanons maßgebend gewesen sind. Man erklärt zunächst die Schriften für kanonisch, die ohnehin in allen Gemeinden die Basis für Predigt und Lehre bilden. Hier gilt also das pragmatische Prinzip der tatsächlichen Verwendung und Bewährung. Andererseits zeigt der Streit um die Kanonisierung einer ganzen Reihe anderer Schriften, dass dieses Kriterium allein offenbar nicht ausgereicht hat. Wenn man sich die Entstehungszeit der in den Kanon aufgenommenen Schriften und die

Namen ihrer Verfasser anschaut (s. Abb. 1, S. 14), wird schnell klar, welches Auswahlprinzip hier angewandt worden ist. Als Autoren kommen nur Verwandte Jesu (seine Brüder Jakobus und Judas), Apostel (Matthäus, Johannes, Paulus, Petrus) oder Apostelschüler (Markus, Lukas) vor. Als kanonisch soll offensichtlich nur das gelten, was apostolisch und damit authentisches Christuszeugnis ist. Damit wird die Entstehungszeit für die in den Kanon aufzunehmenden Schriften auf die erste christliche Generation begrenzt. Alles, was danach entstanden ist, kann weder dem Anspruch an Alter noch dem auf apostolische Herkunft genügen und deshalb nicht in den Kanon aufgenommen werden.

Obwohl sich die beiden Kriterien des Alters und der apostolischen Verfasserschaft in der Regel ergänzen, können sie gelegentlich auch in Widerspruch zueinander geraten. Im Zweifelsfall entscheidet über die Aufnahme in den Kanon die apostolische Verfasserschaft, auch wenn diese beim zweiten Petrusbrief aus chronologischen Gründen mehr als zweifelhaft erscheint, will man für Petrus nicht eine Lebenszeit von rund 150 Jahren annehmen. Dagegen nutzt dem ersten Clemensbrief sein hohes Alter überhaupt nichts. Weil dem Verfasser jegliche apostolische Beziehung fehlt, hat er keine Chance, in den Kanon aufgenommen zu werden. Allerdings kennt die Bereitschaft, eine apostolische Urheberschaft anzunehmen, auch Grenzen. An Petrus als Verfasser eines ihm zugeschriebenen Evangeliums sind wegen dessen später Entstehungszeit (um 150 n.Chr.) so erhebliche Zweifel angemeldet worden, dass es trotz großer Beliebtheit und Verbreitung aus dem Kanon ausgeschlossen worden ist.

Für die heutige Theologie ist die apostolische Verfasserschaft für weit mehr Schriften als nur für den zweiten Petrusbrief fragwürdig geworden. So hat die Erforschung des Neuen Testaments die Autorenschaft des Paulus für einige ihm zugeschriebene Briefe widerlegt, für andere zumindest zweifelhaft gemacht. Ebenso ist die Annahme nicht mehr haltbar, das johanneische Schrifttum gehe auf den ehemaligen Jünger Johannes zurück. Es hat zudem drei verschiedene Verfasser, einen für das Evangelium und den ersten Brief, einen anderen für den zweiten und dritten Brief und wieder einen anderen für die Apokalypse.

Nicht vorsätzlich, sondern aus Unkenntnis der wahren Verfasser verstößt man bei der Festlegung des Kanons gelegentlich

gegen die eigenen Kriterien. Aus heutiger Sicht freilich werden
Bedeutung und Wert etwa des Johannesevangeliums nicht
dadurch geschmälert, dass sein Verfasser nicht der ehemalige
Jünger Jesu ist. Luther, der neben der Bibel keine anderen Zeugnisse der christlichen Tradition gelten gelassen und dabei ver-
kannt hat, dass die Bibel selbst schon einen Teil dieser Tradition
darstellt, hat ein interessantes inhaltliches Kriterium für die
Bewertung der neutestamentlichen Schriften eingeführt: Er misst
eine Schrift daran, in welchem Maße sie »Christus predigt«.
Luther scheidet zwar keine Schrift aus dem neutestamentlichen
Kanon aus, verbannt aber einige Schriften, wie den Hebräerbrief,
buchstäblich an den Rand und macht so augenfällig, dass dieser
Brief für ihn nur eine Randbedeutung hat.

n.Chr.	Reihenfolge der Entstehung der Briefe/BÜCHER
um 50	1. Thessalonicher, Galater
50–60	2. Thessalonicher, Philipper, 1. Korinther, 2. Korinther, Römer
um 60	Philemon, Epheser, 1 Timotheus, Kolosser
60–70	MARKUS, Titus, 2 Timotheus, 1 Petrus
70–80	MATTHÄUS
um 80	LUKAS, APOSTELGESCHICHTE, Hebräer, Judas
90–100	1 Johannes, 2 Johannes, OFFENBARUNG, (1 Clemens), 3 Johannes, JOHANNES
130	2 Petrus

Abb. 1: Kanon der neutestamentlichen Schriften

3. Überlieferungsprobleme

Schlägt man eine Bibel in deutscher Sprache auf, muss man sich
bewusst sein, dass man eine Übersetzung vor sich hat. Die
Schriften des Alten Testaments sind ursprünglich in hebräischer,
die des Neuen in griechischer Sprache verfasst worden. Wer
jemals eine Fremdsprache gelernt hat, kennt die Tücken des

Übersetzens. Häufig gibt es nicht *die* eine richtige Übersetzung, und zuweilen muss man sogar statt der wortwörtlichen eine freiere Übertragung wählen, um den Sinn einer Aussage zu treffen. Aufs Ganze gesehen mag es keinen großen Unterschied machen, welche deutsche Bibelübersetzung man benutzt. Ein Vers aus Jesu berühmter Bergpredigt* im Matthäusevangelium soll jedoch zeigen, dass in einigen Fällen selbst ein einziges unterschiedlich übersetztes Wort sehr wohl zu einer erheblichen Bedeutungsverschiebung führen kann. Die siebte Seligpreisung (Mt 5,9) wird in der revidierten Lutherbibel so wiedergegeben:

Selig sind die Friedfertigen; denn sie werden Gottes Kinder heißen.

In der Einheitsübersetzung steht an dieser Stelle:

Selig, die Frieden stiften; / denn sie werden Söhne Gottes genannt werden.

Es bedarf wohl keiner Erläuterung, dass es ein erheblicher Unterschied ist, ob die passive Friedfertigkeit oder das aktive Friedenstiften gepriesen wird. Die Zürcher Bibel verwendet wie Luther den Ausdruck »die Friedfertigen«, in der Anmerkung dazu erfährt man jedoch: »Wörtlich: ›die Friedensstifter‹«. Angesichts der nicht geringen Bedeutungsdifferenz zwischen beiden Begriffen fragt man sich schon, warum hier nicht der wörtlichen Übersetzung der Vorzug gegeben wird.

Den Übersetzungsproblemen kann man natürlich dadurch aus dem Wege gehen, dass man die Bibel in ihren Ursprachen liest. Deswegen bildet die Kenntnis der hebräischen und griechischen Sprache die Voraussetzung für das Theologiestudium. Doch sehr schnell sieht man sich mit einem anderen Überlieferungsproblem konfrontiert. Denn von keinem einzigen biblischen Text ist das handschriftliche Original erhalten geblieben. Uns steht lediglich eine Fülle von Abschriften aus mehreren Jahrhunderten zur Verfügung, die mal eine komplette biblische Schrift enthalten, mal nur einzelne Bruchstücke. Das älteste bislang entdeckte Bruchstück aus dem Neuen Testament besteht aus einem nicht mehr als etwa Handteller großen Stück Papyrus, enthält einige Verse aus dem Johannesevangelium und ist etwa um 125 n.Chr. geschrieben worden, d.h. rund dreißig Jahre nach der Abfassung des Evangeliums.

Abb. 2: Vorder- und Rückseite des 6 cm breiten und 9 cm hohen so genannten Papyrus P 52, des ältesten Belegs des Neuen Testaments mit 114 Buchstaben aus Joh 18,31–33 und 37–38

Das Überlieferungsproblem bei einem Text, der immer und immer wieder abgeschrieben wird, liegt auf der Hand und dürfte manchem durchaus vertraut sein: Beim Abschreiben schleichen sich leicht Fehler ein. Vergleicht man alle verfügbaren Handschriften eines biblischen Textes miteinander, findet man nicht zwei mit einem völlig identischen Wortlaut. In dieser Lage scheint die bestmögliche Lösung darin zu bestehen, die jeweils älteste erreichbare Handschrift eines Textes den heutigen Bibelausgaben zugrunde zu legen. Das Alter von Papyrus, dem bevorzugten Schreibmaterial des Altertums, lässt sich heute sehr genau bestimmen. Nur bietet auch die älteste Abschrift leider keine Gewähr dafür, dass sie dem Original näher kommt als spätere Handschriften. Denn es ist ja durchaus denkbar, dass ihre Vorlage bereits recht viele Fehler enthält, die dann natürlich übernommen und weitergeschleppt werden, während eine spätere Abschrift auf weitaus besseren Vorlagen beruhen kann. Gleichwohl bleibt das Alter ein wichtiges Kriterium für die Bewertung einer Handschrift.

Die Rekonstruktion der biblischen Urschriften erweist sich also als überaus kompliziert; ihr kann und braucht hier nicht weiter nachgegangen zu werden. Aber zumindest eins ihrer spektakulären Ergebnisse sei angeführt. Man hat festgestellt, dass in den ältesten und besten Handschriften des Markusevangeliums die letzten zwölf Verse (Mk 16,9–20) fehlen. Dieser Befund lässt nur den Schluss zu, dass diese Verse ursprünglich nicht zum Markusevangelium gehört haben, sondern erst später hinzugefügt worden sind. Im übrigen stellt die Bibel hinsichtlich der

Situation der Textüberlieferung keinen Sonderfall dar, vielmehr steht man bei allen Texte von vergleichbarem Alter, die häufig weitaus weniger gut bezeugt sind als die biblischen, vor ganz ähnlichen Problemen. Im Ergebnis darf man jedenfalls feststellen, dass die textkritische Wissenschaft für alle biblischen Schriften eine Textgrundlage geschaffen hat, die dem Original jeweils sehr nahe kommen dürfte.

4. Die Evangelien

Das Neue Testament begnügt sich nicht mit einem Evangelium, sondern bietet gleich deren vier. Eine Doppelt- oder Dreifachüberlieferung findet sich, wie später zu zeigen sein wird, auch im Alten Testament. Sie erklärt sich dort u.a. aus den großen Zeiträumen, die zwischen den verschiedenen Fassungen liegen. Die Evangelien hingegen werden, wenn auch nicht gleichzeitig, so doch innerhalb eines relativ engen Zeitraums verfasst, allerdings an verschieden Orten und für verschiedene Gruppen von Christen. Zwar lassen sich die Abfassungsorte der Evangelien nicht genau lokalisieren, doch zweifellos haben das Markus- und Lukasevangelium heidenchristliche Adressaten, wohingegen sich das Matthäusevangelium an Judenchristen wendet. Unübersehbar ist das Bemühen seines Verfassers, die neue christliche Lehre als der alten jüdischen überlegen zu erweisen. Deswegen lässt er die Pharisäer*, eine zur Zeit Jesu hoch angesehene Volksgruppe in Israel, als Gegner Jesu noch schlechter aussehen als die anderen Evangelisten und schiebt die Hauptschuld an Jesu Verurteilung Vertretern der jüdischen Oberschicht und des Klerus zu, während der römische Statthalter Pontius Pilatus weitgehend entlastet wird, was kaum den tatsächlichen Entscheidungsbefugnissen entsprochen haben dürfte. Doch Matthäus lässt Pilatus vor dem Volk seine Hände waschen mit den Worten: »Ich bin unschuldig am Blut dieses Gerechten« (Mt 27,24). Aus dem Munde eines römischen Statthalters ist solch ein Bekenntnis schwer vorstellbar.

Auch die drei anderen Evangelisten geben der Darstellung der Geschichte Jesu ihre persönliche Prägung. Während Lukas Jesu Engagement für die Armen und Benachteiligten in der religiösen Leistungsgesellschaft des Judentums jener Zeit in den Vordergrund stellt, geht es Markus vor allem um den vergeblichen Versuch, Jesus zu dessen Lebzeiten als Messias* für alle nicht Eingeweihten geheim zu halten. Das Johannesevangelium wiederum zeigt sich von der Gnosis* beeinflusst.

Abgesehen von ihren theologischen Eigenheiten weisen die drei ersten Evangelien große Übereinstimmungen in ihrem Aufbau und ihrer Anlage auf. Eine davon erheblich abweichende Darstellung bietet das Johannesevangelium. Es überliefert von Jesus nicht nur wie die drei anderen kurze Aussprüche und Gleichnisse, sondern lässt Jesus lange Reden in einer völlig andersartigen Diktion halten sowie die bekannten »Ich bin«-Worte sprechen. Außerdem kommt Jesus hier nicht nur einmal nach Jerusalem, sondern wechselt wiederholt zwischen Galiläa und Jerusalem hin und her. Dadurch dehnt sich die Zeit seines Wirkens von einigen Monaten in den ersten drei Evangelien auf drei Jahre aus. Neben vereinzelten Übereinstimmungen weist das Johannesevangelium nur in der Passionsgeschichte eine größere Gemeinsamkeit mit den drei anderen auf. Das reicht nicht aus, um die Unvereinbarkeit des Johannesevangeliums mit den anderen ignorieren zu können. Diese Erkenntnis führt zwangsläufig zu der Frage nach der historischen Zuverlässigkeit der evangelischen Überlieferung. Denn entweder ist die Geschichte Jesu so abgelaufen und hat Jesus so geredet wie bei Johannes oder wie bei den anderen drei Evangelisten. Beides zugleich ist nicht möglich.

Man darf davon ausgehen, dass die drei ersten Evangelien der Historie weitaus näher stehen als das später entstandene Johannesevangelium. Dass ihr Verfasser weniger Interesse an den historischen Abläufen und Verhältnissen zeigt, offenbar aber auch weniger Kenntnisse darüber besitzt, spricht zudem gegen den Jünger Johannes als Verfasser dieses Evangeliums. Dieses Urteil besagt aber nichts über den theologischen Wert des Johannesevangeliums, der unter anderen Gesichtspunkten zu beurteilen ist als dem der historischen Faktizität.

Zur Zeit der Kanonbildung genossen alle vier Evangelien ein zu großes, allerdings jeweils regional begrenztes Ansehen, als dass man sich auf ein einziges als kanonisch hätte einigen können. Immerhin konnte man die Anzahl auf vier begrenzen, obwohl es noch weitere, wenn auch deutlich später verfasste Evangelien gegeben hat, neben dem bereits erwähnten Petrusevangelium* das

Thomasevangelium*. Bei allen späteren Evangelien ist eine starke Tendenz zur Ausschmückung der Geschichte Jesu erkennbar. Ausgestaltet werden zum einen die in den kanonischen Evangelien fehlenden oder nur spärlich vertretenen Kindheits- und Jugendgeschichten Jesu, zum anderen der Vorgang der Auferstehung.

5. Die synoptischen Evangelien

Außer dem allgemeinen, in Abschnitt 3 dieses Kapitels dargelegten Überlieferungsproblem, bei dem es um den ursprünglichen Wortlaut der einzelnen biblischen Schriften geht, ergibt sich aus der Vierfachüberlieferung der Evangelien für diese noch ein spezielles Problem, zumindest für die drei ersten. Da diese nicht nur im Inhalt und Aufbau, sondern über weite Strecken auch im Wortlaut weitgehende Übereinstimmungen aufweisen, stellt sich die Frage nach ihrer entstehungsgeschichtlichen Beziehung. Die Übersicht über das Ausmaß an Übereinstimmungen wird erheblich erleichtert, wenn man die entsprechenden Passagen der drei Evangelien nebeneinander legt. Solch einen Paralleldruck nennt man Synopse (= Zusammenschau). Die Verfasser der drei ersten Evangelien werden deshalb in der Fachsprache als Synoptiker bezeichnet.

Mt	Mk	Lk
4,32–33	13,28–29	21,29–31
[32] Vom Feigenbaum aber lernt das Gleichnis: Wenn sein Zweig schon saftig wird und die Blätter hervorwachsen, merkt man, dass der Sommer nahe ist. [33] So sollt auch ihr, wenn ihr dies alles seht, merken, dass er nahe vor der Türe ist.	[28] Vom Feigenbaum aber lernt das Gleichnis: Wenn sein Zweig schon saftig wird und die Blätter hervorwachsen, merkt man, dass der Sommer nahe ist. [29] So sollt auch ihr, wenn ihr dies geschehen seht, merken, dass er nahe vor der Tür ist.	[29] Und er sagte ihnen ein Gleichnis: Schauet auf den Feigenbaum und alle Bäume! [30] Wenn sie bereits ausgeschlagen sind und ihr seht es, merkt ihr von selbst, dass der Sommer schon nahe ist. [31] So sollt auch ihr, wenn ihr dies geschehen seht, merken, dass das Reich Gottes nahe ist.

12,43–45

[43] Wenn aber der unreine Geist aus dem Menschen ausgefahren ist, durchzieht er wasserlose Orte und sucht seine Ruhestätte und findet keine. [44] Dann sagt er: Ich will in mein Haus zurückkehren, aus dem ich weggegangen bin. Und wenn er kommt, findet er es leer, gesäubert und geschmückt. [45] Dann geht er hin und nimmt sieben andere Geister mit sich, die schlimmer sind als er, und sie ziehen ein und wohnen dort; und es wird nachher mit jenem Menschen schlimmer als vorher. So wird es auch mit diesem bösen Geschlecht sein.

13,44–46

[44] Das Reich der Himmel ist gleich einem im Acker verborgenen Schatz, den ein Mensch fand und (wieder) verbarg. Und in seiner Freude geht er hin und verkauft alles, was er hat, und kauft jenen Acker. [45] Wiederum ist das Reich der Himmel gleich einem Kaufmann, der schöne Perlen suchte. Als er aber eine kostbare Perle gefunden hatte, ging er hin,

11,24–26

[24] Wenn der unreine Geist aus dem Menschen ausgefahren ist, durchzieht er wasserlose Orte und sucht eine Ruhestätte. Und findet er keine, so sagt er: Ich will in mein Haus zurückkehren, aus dem ich weggegangen bin. [25] Und wenn er kommt, findet er es gesäubert und geschmückt. [26] Dann geht er hin und nimmt sieben andere Geister mit, die schlimmer sind als er, und sie ziehen ein und wohnen dort, und es wird nachher mit jenem Menschen schlimmer als vorher.

verkaufte alles, was er
hatte, und kaufte sie.

11,5–8

[8] Und er sprach zu
ihnen: Wer unter euch
hätte einen Freund und
ginge zu ihm um Mit-
ternacht und sagte zu
ihm: Freund, leihe mir
deine Brote, denn ein
Freund von mir ist auf
der Reise zu mir ge-
kommen, und ich habe
ihm nichts vorzuset-
zen: [7] und jener würde
von innen antworten
und sagen: Mach dir
keine Mühe! Die Türe
ist schon verschlossen,
und meine Kinder sind
mit mir im Bett; ich
kann nicht aufstehen
und dir geben. [8] Ich sage
euch: Wenn er auch
nicht deswegen auf-
stehen und ihm geben
wird, weil er sein
Freund ist, so wird
er doch um seiner Un-
verschämtheit willlen
aufstehen und ihm ge-
ben, so viel er bedarf.

Abb. 3: Auszug aus der Evangeliensynopse

Vergleicht man in der Zusammenstellung einzelner synoptischer
Texte (Abb. 3) die drei Fassungen von Text 1 miteinander, so
stellt man zwischen Matthäus und Markus, abgesehen von einer
unbedeutenden Abweichung, eine wörtliche Übereinstimmung
fest, während Lukas gegenüber den beiden anderen mehrere
Abweichungen aufweist, die allerdings mit einer Ausnahme so

geringfügig sind, dass eine von den beiden anderen unabhängige Entstehung des Textes nicht ernsthaft in Betracht gezogen werden kann. Damit stellt sich ein Problem, das an die Situation eines Lehrers erinnert, dem drei verdächtig übereinstimmende Hausaufgaben vorgelegt werden und der nun herausfinden muss, wer von wem abgeschrieben hat.

Die einzige inhaltlich gewichtige Abweichung bei Lukas besteht darin, dass er im letzten Vers für das Pronomen, das offen lässt, was gemeint ist, »das Reich Gottes« einsetzt. Somit dürfte er wohl kaum die Vorlage für die beiden anderen abgegeben haben. Denn dass diese unabhängig voneinander den eindeutigen Ausdruck »das Reich Gottes« gleichlautend durch das unbestimmte Pronomen »er« ersetzt haben, erscheint wenig wahrscheinlich. Andererseits stimmt Lukas mit Markus in dem Temporalsatz »wenn ihr dies geschehen seht« überein, während sich an dieser Stelle die einzige Abweichung des Matthäus von Markus befindet (»wenn ihr dies alles seht«). Beide Beobachtungen deuten auf Markus als Vorlage für die beiden anderen Evangelien hin. Dafür spricht auch, dass das Markusevangelium erheblich kürzer ist als jene. Ein zwingender Beweis, dass Markus tatsächlich das älteste Evangelium ist, das sowohl Matthäus als auch Lukas benutzt haben, ist damit freilich noch nicht erbracht. Den liefert erst die Beobachtung, dass sie die Anordnung der von Markus übernommenen Texte beibehalten, die darüber hinausgehenden jedoch an jeweils unterschiedlichen Stellen platzieren.

Die Texte 2 bis 4 in Abb. 3 sind Beispiele für solche Texte, die im Markusevangelium nicht enthalten, offensichtlich also anderer Herkunft sind. Abgesehen von dem zusätzlichen Schlusssatz bei Matthäus in Text 2, stimmt der Wortlaut beider Fassungen in solch einem Maße überein, dass eine voneinander unabhängige Entstehung wohl auszuschließen ist. Man nimmt deshalb an, dass Matthäus und Lukas für die Abfassung ihrer Evangelien neben Markus noch eine weitere schriftliche Sammlung mit Texten über Jesus vorgelegen hat. Von dieser Textsammlung, die ausschließlich Aussprüche und Gleichnisse Jesu enthalten hat und deshalb als Reden-Quelle bezeichnet wird, ist nicht eine einzige Handschrift erhalten geblieben. Sie lässt sich also nur aus dem Matthäus- und dem Lukasevangelium erschließen.

Die Texte 3 und 4 gehören zum so genannten Sondergut der Evangelisten Matthäus und Lukas; es handelt sich um Texte, die möglicherweise aus regionalen Traditionen stammen und deshalb jeweils nur bei einem von beiden vorkommen.

Geht man davon aus, dass Jesus etwa um das Jahr 30 n.Chr. gekreuzigt worden ist, und setzt man die Entstehung des ältesten Evangeliums, also das des Markus, um 70 n.Chr. an, so liegen zwischen Jesu Tod und der Abfassung des Markusevangeliums rund vierzig Jahre. Selbst wenn man annimmt, dass Markus schon auf einzelne schriftlich fixierte Überlieferungen zurückgreifen konnte, was sehr wahrscheinlich ist – die erschlossene Reden-Quelle stellt solch eine frühe, Markus allerdings nicht zugängliche schriftliche Überlieferung dar –, selbst dann muss man noch mit zwei bis drei Jahrzehnten mündlicher Überlieferung der Evangelientexte rechnen. Das mag in den Augen heutiger Menschen das Vertrauen in die Zuverlässigkeit dieser Überlieferung erschüttern. Wir alle kennen das beliebte Spiel »Stille Post« und wissen, welche Veränderungen, ja zuweilen Entstellungen eine Mitteilung erfährt, die über viele Stationen mündlich weitergegeben worden ist. Bei der Beurteilung mündlicher Überlieferung im Altertum dürfen wir jedoch nicht von der bei allen individuellen Unterschieden vergleichsweise schwachen Gedächtnisleistung von uns heutigen Menschen ausgehen. Wir können uns ein »schlechtes« Gedächtnis leisten, weil wir über zahlreiche Möglichkeiten verfügen, Daten und Informationen nachzuschlagen; wir müssen lediglich im Kopf haben, wo dies und wo jenes nachzuschlagen ist. Die Erfindung der Schrift, die die Konservierung von Informationen ermöglicht, hat eine enorme Entlastung für das menschliche Gedächtnis gebracht. In biblischen Zeiten, in denen nur sehr wenige Menschen lesen und schreiben konnten, waren diese ungleich mehr als heutige auf ihr Gedächtnis angewiesen und es funktionierte tatsächlich erheblich besser, weil es mehr in Anspruch genommen, d.h. trainiert wurde. Das bestätigt schon ein Vergleich mit der Gedächtnisleistung, zu der Menschen noch vor wenigen Generationen fähig waren. Deutsche Sprachwissenschaftler haben in den sechziger Jahren des vorigen Jahrhunderts in einem abgelegen Teil Sibiriens eine Analphabetin von damals etwa achtzig Jahren ausfindig gemacht, die in der Lage war, eine in ihrer Jugend auswendig

gelernte Verserzählung von ca. 10000 Versen aufzusagen. Ein
zweiter und dritter ebenfalls aufgezeichneter Vortrag derselben
Erzählung in einem jeweils mehrwöchigen Abstand unterschied
sich in keinem einzigen Wort von dem ersten.
Für die synoptischen Evangelien ergeben sich also vier bzw.
fünf Stadien der Überlieferung, wobei man Überschneidungen
einkalkulieren muss. So hörte mit dem Beginn der schriftlichen
Aufzeichnungen die mündliche Überlieferung nicht schlagartig
auf, vielmehr liefen beide eine Zeitlang nebeneinander her.

Stadium	Zeitraum	Überlieferungsweise
1	ca. 30–50	mündliche Weitergabe
2	ca. 50–60	schriftliche Fixierung von Einzeltexten
3	ca. 60–70	Textsammlungen (Reden-Quelle)
4	um 70	Markusevangelium
5	ca. 80–90	Matthäus- und Lukasevangelium

Abb. 4: Stadien der synoptischen Überlieferung

Die synoptischen Evangelien lassen sich in fünf Abschnitte glie-
dern. Abb. 5 zeigt, wie viele Kapitel bei welchem Evangelium
auf die einzelnen Abschnitte entfallen. Auch wenn die Kapitel
natürlich nicht alle den gleichen Umfang haben und deshalb
keine exakte Maßeinheit abgeben, macht die Übersicht zumindest die Größenverhältnisse deutlich.

Abschnitt	Mt	Mk	Lk
Vorgeschichte	1–2	–	1–2
Jesus in Galiläa	3–18	1–9	3–18
Weg nach Jerusalem	19–20	10	18–19
In Jerusalem	21–25	11–13	19–21
Passion und Auferstehung	26–28	14–16	22–24

Abb. 5: Gliederung der synoptischen Evangelien

Das auffälligste Ergebnis der Übersicht ist wohl das Fehlen einer Vorgeschichte bei Markus, dem ältesten Evangelium. Da zudem die Vorgeschichten bei Matthäus und bei Lukas völlig unterschiedlich sind und sich die uns so lieb gewordene Weihnachtsgeschichte im Stall zu Bethlehem und die Geschichte vom zwölfjährigen Jesus im Tempel nur bei Lukas finden, muss man bezweifeln, dass den frühen Christen diese Geschichten bekannt waren, und annehmen, dass sie erst später entstanden sind. Das ist auch leicht erklärlich. Denn zunächst und in erster Linie hat man sich für die Worte und Taten Jesu interessiert. Jesus jedoch ist erst etwa in seinem dreißigsten Lebensjahr als Wanderprediger in Erscheinung getreten. Sein Leben davor war gleichermaßen unbekannt wie unwichtig. Erst als man Jesus nach seinem Tod als Messias* bzw. Christus und Sohn Gottes zu bekennen und zu verkündigen begann, erwachte das Interesse an Jesu Leben vor seinem öffentlichen Auftreten. Aus dem Verständnis Jesu als Messias* ergab sich zwangsläufig, dass seine Geburt und Kindheit nicht wie die eines gewöhnlichen Menschen verlaufen sein konnten. Im Lichte seiner Messianität wurden diese zu Wundern verklärt, wie es ähnlich auch bei Buddha geschehen ist.

Fast doppelt so umfangreich wie bei Markus füllt bei den beiden anderen Synoptikern dank der Reden-Quelle der zweite Abschnitt aus, der Jesu Wirken in Galiläa beschreibt. Auf die Passionsgeschichte dagegen verwenden alle drei die gleiche Anzahl an Kapiteln.

6. Aufbau des Markusevangeliums

Auf den ersten Blick könnte man die Evangelien für Biografien von Jesus halten. Bei Markus setzt die Beschreibung allerdings erst in Jesu dreißigstem Lebensjahr ein und umfasst nur rund ein Jahr, was beides für eine Biografie recht ungewöhnlich wäre. Schaut man sich den Erzählaufbau der ersten neun Kapitel des Markusevangeliums etwas genauer an, können zudem Zweifel an dem für Biografien üblichen chronologischen Gliederungsprinzip aufkommen. Diese Kapitel lassen sich in folgende Teilabschnitte untergliedern:

Kapitel/Verse	Inhalt
1	Beginn des Auftretens Jesu
2,1–3,6	Streitgespräche
4,1–34	drei Gleichnisse
4,35–5,43	Wundergeschichten
6–9	von der Verwerfung in Nazareth bis zu den Leidensankündigungen

Abb. 6: Gliederung von Mk 1–9

Die drei Überschriften für die Kapitel zwei bis fünf weisen auf eine Anordnung des Erzählstoffes nicht nach chronologischen Gesichtspunkten hin, sondern nach literarischen Textformen: »Streitgespräche«, »Gleichnisse«, »Wundergeschichten«. Auf eine zeitliche Abfolge lassen lediglich die Ausdrücke »Beginn« in der Überschrift des ersten und »Von … bis« in der des letzten Teilabschnitts schließen, bei dem jedoch ein anderer Aspekt gegen eine an der Chronologie orientierte Darstellung spricht. Dem kommt man auf die Spur, wenn man die geografische Verknüpfung der verschiedenen Schauplätze in diesem Teilabschnitt überprüft.

Das Geschehen zu Beginn des 6. Kapitels spielt in Jesu Vaterstadt, also in Nazareth, und den umliegenden Dörfern. In Vers 32 wird berichtet, dass Jesus und seine Jünger mit dem Schiff abfahren, was schwerlich zu bewerkstelligen gewesen sein dürfte, da Nazareth an keinem schiffbaren Gewässer liegt; von einem zwischenzeitlichen Ortswechsel ist aber keine Rede. Von dem nicht näher bestimmten, sondern lediglich als »abseits gelegen« und »öde« bezeichneten Zielort soll es dann weiter nach Betsaida gehen (6,45), einem Ort am Nordostufer des Sees Genezareth. Demnach müsste auch der Abfahrtsort an diesem See liegen, was jedoch kaum mit dessen Charakterisierung als abgelegen und öde vereinbar ist. Statt in Betsaida, dem angesteuerten Ziel, kommt das Schiff in Genezareth an, einem nicht mehr lokalisierbaren Ort am gleichnamigen See, ohne dass diese Kursänderung auch nur erwähnt, geschweige denn erklärt oder begründet wird. Jesus erhält dort Besuch von Pharisäern und Schriftgelehrten aus Jerusalem (7,1), die wieder einmal Streit mit ihm suchen. Dass sie

dafür einen Weg von mehr als hundert Kilometern auf sich nehmen, ist allerdings kaum vorstellbar. Schließlich bricht Jesus von
Genezareth auf, um sich »in das Gebiet von Tyrus« zu begeben
(7,24), einer Stadt an der phönizischen Mittelmeerküste. Von
dort geht es über Sidon »an den galiläischen See«, also den See
Genezareth, »mitten in das Gebiet der Zehn Städte« (7,31) süd-
östlich des Sees Genezareth. Nun liegt Sidon rund vierzig Kilo-
meter nördlich von Tyrus und somit in einer dem Zielgebiet
entgegengesetzten Richtung. Ein Grund für diesen beträchtlichen
Umweg wird nicht angegeben. In dem als »Wüste« bezeichneten
Gebiet der Zehn Städte besteigen Jesus und seine Jünger wiederum ein Schiff (8,4) – man ist versucht, flapsig zu bemerken:
wohl ein »Wüstenschiff« –, um in die Gegend von Dalmanuta zu
fahren (8,10), einem ebenfalls nicht mehr lokalisierbaren Ort.

Offensichtlich ist der Verfasser des Markusevangeliums mit
den geografischen Verhältnissen Palästinas nicht vertraut. Deshalb kann man zum einen davon ausgehen, dass er nicht von dort
stammt. Zum anderen muss man annehmen, dass er sein Evangelium aus vielen kleinen Einzelstücken – in der Fachsprache Perikopen genannt – zusammengesetzt und die darin enthaltenen
geografischen Angaben beibehalten hat. Aufgrund seiner fehlenden Landeskenntnis konnte er nicht beurteilen, ob seine Verknüpfung der Perikopen geografisch stimmig war oder nicht. Ob
ihm die Perikopen bereits schriftlich vorgelegen haben oder aus
mündlicher Überlieferung stammen, ist heute in den meisten
Fällen kaum noch zu entscheiden und in Hinblick auf die Zuverlässigkeit der Überlieferung, wie wir gesehen haben, auch uner-
heblich. Man wird wahrscheinlich mit einer Mischung aus beiden
Überlieferungsformen zu rechnen haben. Jedenfalls kann ein aus
geografisch ungeordneten Überlieferungsstücken zusammenge-
setztes Evangelium chronologisch nicht zuverlässig sein. Dies
Kompositionsverfahren verbietet es endgültig, sein Evangelium
und damit natürlich auch die der anderen Evangelisten als Biografie Jesu zu lesen. Vielmehr stellen sie eine literarische Gattung ganz eigener Art dar, für die es keine Vorbilder gibt und die
keine Nachahmer gefunden hat.

Man wird den Verfassern der Evangelien jedoch nicht gerecht, wenn man sie lediglich als Sammler und Arrangeure von
Einzelüberlieferungen begreift und ihren eigenen Anteil an den

Evangelien allein in ihrer redaktionellen Tätigkeit sieht. Auf die theologischen Besonderheiten der einzelnen Evangelisten ist bereits hingewiesen worden. Aber auch ihr erzählerisches Talent sollte nicht unterschätzt werden. Ein Beispiel für seine Erzählkunst liefert Markus im 6. Kapitel. In den Versen 7 bis 13 wird berichtet, wie Jesus seine Jünger paarweise aussendet, damit sie Bußpredigten halten und Dämonen austreiben. In Vers 30 wird ihre Rückkehr mitgeteilt. Zwischen Aussendung und Rückkehr fügt Markus die Erzählung von der Enthauptung Johannes des Täufers ein, dessen Schicksal auf das von Jesus vorausweist. Da Markus über die Tätigkeit der Jünger nichts zu berichten weiß oder nichts berichten will, dient der Einschub erzähltechnisch dazu, dem Leser den Eindruck zu vermitteln, dass zwischen Aussendung und Rückkehr eine gewisse Zeit vergangen ist.

7. Typische Textformen der synoptischen Evangelien

Außer in den Kapiteln, in denen Streitgespräche, Gleichnisse und Wundergeschichten zu Einheiten zusammengestellt sind, finden sich diese drei Textformen auch noch an vielen anderen Stellen des Markusevangeliums. Sie vor allem bestimmen dessen literarische Gestalt und noch mehr die der anderen Evangelien, da bei ihnen aus der Reden-Quelle noch weitere Gleichnisse und Streitgespräche hinzukommen. Anhand einzelner Beispiele sollen diese drei Textformen näher betrachtet werden.

7.1 Streitgespräche

Das Ährenraufen am Sabbat (Mk 2,23–27)

[23]Und es begab sich, dass er [Jesus] am Sabbat durch ein Kornfeld ging, und seine Jünger fingen an, während sie gingen, Ähren auszuraufen. [24]Und die Pharisäer sprachen zu ihm: Sieh doch! Warum tun deine Jünger am Sabbat, was nicht erlaubt ist? [25]Und er sprach er zu ihnen: Habt ihr nie gelesen, was David tat, als er in Not war und ihn hungerte, ihn und die, die bei ihm waren: [26]wie er ging in das Haus Gottes zur Zeit Abjatars, des Hohenpriesters, und aß die Schaubrote, die niemand essen darf als die Priester, und gab sie auch denen, die bei ihm waren? [27]Und er sprach

zu ihnen: Der Sabbat ist um des Menschen willen gemacht und nicht der Mensch um des Sabbats willen.

Die hier dargestellte Szene weist einige Merkwürdigkeiten auf. Sie spielt am Sabbat in einem Kornfeld, also außerhalb einer Stadt oder Ortschaft. Sich am Sabbat dorthin zu begeben, stellt in jedem Fall eine Verletzung der jüdischen Sabbatvorschriften dar. Denn die Anzahl der Schritte, die man am Sabbat gehen durfte, war genau festgelegt und sehr begrenzt. Deshalb ist es unvorstellbar, dass ausgerechnet Pharisäer*, die wegen ihrer peinlich genauen Einhaltung aller religiösen Gesetzesvorschriften bekannt und geachtet waren, dort am Sabbat auftauchen, um mit Jesus einen Streit über einen Verstoß seiner Jünger gegen eine andere Sabbatvorschrift anzufangen. Sie werfen ihnen nicht etwa vor, sich an fremdem Eigentum zu vergreifen, sondern sich Essen zuzubereiten. Als solches sehen die Pharisäer das Ährenausreißen an. Nicht das Essen, wohl aber die Zubereitung von Speisen war am Sabbat verboten. In seiner Entgegnung beruft sich Jesus zunächst auf David. Wer das konnte, durfte sich als hinreichend legitimiert betrachten. In diesem Fall jedoch ist die Berufung auf David kaum als Rechtfertigung geeignet, da dieser zwar auch gegen eine religiöse Vorschrift verstoßen hat, aber nicht gegen das Sabbatgebot. Deshalb trifft Davids Beispiel überhaupt nicht den Vorwurf der Pharisäer. Merkwürdig, dass Jesus das nicht erkannt haben soll und sich nicht überzeugender zu rechtfertigen versteht. Dann jedoch setzt er zu einer Erwiderung ganz anderer Art an, die ausdrücklich noch einmal mit einer eigentlich unnötigen Redeeinführung versehen wird (V. 27). Und diesmal sitzt die Antwort. Jesus erinnert daran, dass der Sabbat von Gott einst als Ruhetag zum Wohl des Menschen geschaffen worden ist, die unzähligen Sabbatvorschriften dies jedoch ins Gegenteil zu verkehren drohen, und dass da, wo diese in Widerspruch zu dem Wohl des Menschen geraten, Letzteres Vorrang hat.

Was bedeutet dieser Befund für das Verständnis der Geschichte? Aufgrund der Ungereimtheiten kann sie sich nicht so abgespielt haben, wie sie hier dargestellt wird. Doch worauf es ihr allein ankommt, ist der Schlusssatz, auf dem – wie bei fast allen literarischen Kurzformen – das ganze Gewicht liegt. Diesen markanten Ausspruch Jesu hatte man behalten und weitergesagt, in Vergessenheit geraten war mit der Zeit dagegen der konkrete

Anlass, aus dem Jesus ihn einmal gesprochen hatte. So erfindet man eine so genannte »ideale Szene«, die sich in diesem Fall allerdings aufgrund der Unstimmigkeiten als nachträgliche Kontextuierung eines ursprünglich isoliert überlieferten Ausspruchs Jesu verrät, was die nochmalige Redeeinführung erklärt. Auch bei anderen Aussprüchen Jesu wird man mit solch einer Einbettung in eine ideale Szene zu rechnen haben. Und wenn diese gut nachempfunden, d.h. in sich stimmig und plausibel ist, lässt sie sich kaum als solche entlarven. Doch letztlich spielt es keine Rolle, ob die Szene historisch oder erfunden ist, da es so oder so allein auf den jeweiligen Ausspruch Jesu am Schluss ankommt und die Geschichte allein seinetwegen überliefert wird.

7.2 Gleichnisse

Ein Gleichnis ist im Grunde nichts anderes als ein längerer Vergleich. Ähnlich wie Metaphern finden Vergleiche keineswegs nur in literarischen Texten Verwendung, sondern mindestens ebenso häufig in der Alltagssprache. Sie machen einen Sachverhalt anschaulich und dadurch leichter verständlich. Die uns vertraute Vorstellung, dass Gleichnisse ausgelegt werden müssen, ist eigentlich widersinnig, da sie ja gewissermaßen selbst Auslegung sind. Warum wir uns bei den biblischen Gleichnissen gleichwohl in dieser paradoxen Lage befinden, soll anhand eines Doppelgleichnisses aus dem Sondergut des Matthäusevangeliums erklärt werden.

Die Gleichnisse vom Schatz im Acker und von der Perle (Mt 13,44–46)

[44]Das Himmelreich gleicht einem Schatz, verborgen im Acker, den ein Mensch fand und [wieder] verbarg; und in seiner Freude ging er hin und verkaufte alles, was er hatte, und kaufte den Acker.

[45]Wiederum gleicht das Himmelreich einem Kaufmann, der gute Perlen suchte, [46]und als er eine kostbare Perle fand, ging er hin, verkaufte alles, was er hatte, und kaufte sie.

Die Ähnlichkeit beider Gleichnisse, die Matthäus veranlasst haben dürfte, sie zusammenzustellen, lässt vermuten, dass sie dieselbe

Eigenschaft des Himmelreichs verdeutlichen sollen. Bei genauem Hinsehen kann man jedoch Unterschiede in ihrer Anlage erkennen. Wird im ersten Gleichnis das Himmelreich mit einem im Acker verborgenen Schatz verglichen, so im zweiten mit einem Kaufmann, obwohl eigentlich die Perle dem Schatz entspricht und der Kaufmann dem Menschen im ersten Gleichnis. Will man trotz dieser Asymmetrie daran festhalten, dass beide Gleichnisse dieselbe Aussage über das Himmelreich machen, muss man für die Übertragung des Vergleichs einen anderen Weg einschlagen, der nicht die einzelnen Wörter der Gleichniserzählung, sondern diese als Ganze zu übertragen versucht. Tatsächlich soll das Reich der Himmel weder mit einem Schatz noch mit einer Perle noch mit einem Kaufmann verglichen werden, sondern mit der Handlungsweise zweier Menschen in einer bestimmten Situation.

Bleibt die Frage, welche Eigenschaft des Himmelreichs durch diese Handlungsweise verdeutlicht wird. Eine häufige Antwort lautet, es solle gezeigt werden, dass man für das Himmelreich ein Opfer zu bringen bereit sein müsse, dieses Opfer sich aber lohne angesichts dessen, was man dafür erhalte. Abgesehen davon, dass ein sich lohnendes Opfer ein Widerspruch in sich ist, kann hier von einem Opfer überhaupt keine Rede sein. Denn sowohl der Mensch im ersten als auch der Kaufmann im zweiten Gleichnis machen ein äußerst profitables Geschäft. Beide begreifen, dass sich ihnen die Chance ihres Lebens bietet, die man ergreift, ohne lange zu überlegen, da solch eine Gelegenheit einem kein zweites Mal geboten wird. Ist dies die Aussage, dann sind die Gleichnisse allerdings nur schwer mit dem Himmelreich oder der richtigen Einstellung dazu in Verbindung zu bringen. Weitaus näher liegt dann die Annahme, dass Jesus das im doppelten Wortsinn einmalige Angebot verdeutlichen will, das er den Menschen mit seiner Botschaft macht.

Wie kommt dann aber Matthäus dazu, die Gleichnisse auf das Reich der Himmel zu beziehen? Die Antwort gibt wieder die Überlieferungsgeschichte. Denn ähnlich wie bei den Aussprüchen Jesu sind seine Gleichnisse den Menschen wegen ihrer großen Einprägsamkeit im Gedächtnis geblieben und tradiert worden, nicht dagegen die Situation ihrer Entstehung und damit auch nicht ihre Verdeutlichungsabsicht. Wo die unbekannt ist, kann sie nur aus der Gleichniserzählung selbst erschlossen werden, indem man den Punkt zu finden sucht, in dem allein sich Erzählung und reale Situation berühren. Hier besteht dieser Punkt in der einmaligen Gelegenheit, die sich den beiden Menschen in den Gleichnissen bietet und die Jesus den Menschen mit seiner Botschaft bietet. Diese in den Wind zu schlagen, wäre gerade so, als würde man es sich entgehen lassen, einen gefundenen Schatz oder eine kostbare Perle in seinen Besitz zu bringen. Wer das tut, dem ist einfach nicht zu helfen. Die Suche nach dem Vergleichspunkt, bei der man sich nicht immer, wie man sieht, auf den von den Evangelisten vorgegebenen verlassen kann, ist etwas anderes als eine »Auslegung«, die jedem einzelnen Wort des Gleichnisses eine bestimmte Bedeutung zuweist.

Wie wenig Eigenbedeutung man dem erzählten Vorgang beimessen darf, zeigt in besonders krasser Weise das Verhalten des Menschen im ersten Gleichnis. Er unterschlägt dem Eigentümer des Ackers, den er in dessen Auftrag pflügt, den Fund, der diesem zusteht. Solch eine moralisch verwerfliche und wohl auch gesetzeswidrige Handlungsweise als vorbildlich hinzustellen, dürfte kaum Jesu Absicht gewesen sein. Aber die Erzählung will eben nicht moralisch bewertet werden, sondern ausschließlich durch die Evidenz ihres Vergleichs überzeugen, der sich schwerlich jemand entziehen kann.

Und doch mag es dem aufmerksamen Bibelleser so scheinen, als habe Jesus selbst die Gleichnisse in der gerade abgelehnten Weise verstanden wissen wollen; denn in einem Fall wird ihm eine Gleichnisauslegung in den Mund gelegt, die jedem einzelnen Element des Gleichnisses eine bestimmte Bedeutung zuweist.

Das Gleichnis vom Sämann und seine Deutung (Mk 4,1–20)

[1]Und er [Jesus] fing abermals an, am See zu lehren. Und es versammelte sich eine sehr große Menge bei ihm, sodass er in ein Boot steigen musste, das im Wasser lag; er setzte sich, und alles Volk stand auf dem Lande am See. [2]Und er lehrte sie vieles in Gleichnissen; und in seiner Predigt sprach er zu ihnen: [3]Hört zu! Siehe, es ging ein Sämann aus zu säen. [4]Und es begab sich, indem er säte, dass einiges auf den Weg fiel; da kamen die Vögel und fraßen's auf. [5]Einiges fiel auf felsigen Boden, wo es nicht viel Erde hatte, und ging alsbald auf, weil es keine tiefe Erde hatte. [6]Als nun die Sonne aufging, verwelkte es, und weil es keine Wurzeln hatte, verdorrte es. [7]Und einiges fiel unter die Dornen, und die Dornen-

wuchsen empor und erstickten's, und es brachte keine Frucht. [8]Und einiges fiel auf gutes Land, ging auf und wuchs und brachte Frucht, und einiges trug dreißigfach und einiges sechzigfach und einiges hundertfach. [9]Und er sprach: Wer Ohren hat zu hören, der höre! [10]Und als er allein war, fragten ihn, die um ihn waren, samt den Zwölfen, nach den Gleichnissen. [11]Und er sprach zu ihnen: Euch ist das Geheimnis des Reiches Gottes gegeben; denen aber draußen widerfährt alles in Gleichnissen, [12]damit sie es mit sehenden Augen sehen und doch nicht erkennen, und mit hörenden Ohren hören und doch nicht verstehen, damit sie sich nicht etwa bekehren und ihnen vergeben werde. [13]Und er sprach zu ihnen: Versteht ihr dies Gleichnis nicht, wie wollt ihr dann die andern alle begreifen? [14]Der Sämann sät das Wort. [15]Das aber sind die auf dem Wege: wenn das Wort gesät wird und sie es gehört haben, kommt sogleich der Satan und nimmt das Wort weg, das in sie gesät war. [16]Desgleichen auch die, bei denen auf felsigen Boden gesät ist: wenn sie das Wort gehört haben, nehmen sie es sogleich mit Freuden auf, [17]aber sie haben keine Wurzel in sich, sondern sind wetterwendisch; wenn sich Bedrängnis oder Verfolgung um des Wortes willen erhebt, so fallen sie sogleich ab. [18]Und andere sind die, bei denen unter die Dornen gesät ist: die hören das Wort, [19]und die Sorgen der Welt und der betrügerische Reichtum und die Begierden nach allem andern dringen ein und ersticken das Wort, und es bleibt ohne Frucht. [20]Diese aber sind's, bei denen auf gutes Land gesät ist: die hören das Wort und nehmen's an und bringen Frucht, einige dreißigfach und einige sechzigfach und einige hundertfach.

Worüber Jesus seine Zuhörer mit diesem Gleichnis belehren will, wird nicht mitgeteilt. In dem Gespräch im Anschluss an das Gleichnis gestehen selbst die Jünger, dass sie es nicht verstanden haben, obwohl ihnen angeblich »das Geheimnis des Reiches Gottes gegeben« ist. Jesus stellt sein Reden in Gleichnissen als bewusste Verschlüsselung dar, damit es für die breite Zuhörerschaft unverständlich bleibt. Warum, so fragt man sich allerdings, spricht er überhaupt zu den Menschen, wenn er gar nicht verstanden werden will? Ausgerechnet Gleichnisse als Verschlüsselungstexte zu verwenden, steht zudem im Widerspruch zu ihrer eigentlichen Funktion der Verdeutlichung.

Die Auslegung des Gleichnisses beginnt damit, dass das Saatgut als Wort (Jesu?) und, begrifflich schon nicht mehr ganz klar, »die auf dem Wege« als eine bestimmte Gruppe von Menschen gedeutet werden, bei denen das Wort nicht fruchtet, weil Satan es wegnimmt. In Vers 16 sollen »die, die keine Wurzel haben« für eine andere Gruppe von Menschen stehen, während doch zunächst das Gesäte als das Wort verstanden worden ist. Indem die Saat mal das Wort, mal eine Menschengruppe bezeichnet, geht die innere Logik dieser Gleichnisauslegung in die Brüche, die hier deshalb auch nicht weiterverfolgt zu werden braucht. Dass sie nicht von Jesus stammen kann, dürfte einleuchten, da er ja wohl gewusst hat, was er mit dem Gleichnis hat verdeutlichen wollen. Wir wissen es nicht mehr, und der Verfasser der Verse 10 bis 20 wusste es offensichtlich auch schon nicht mehr.

Weder das Gespräch über Sinn und Zweck von Gleichnissen noch der Auslegungsversuch widerlegen also die eingangs vorgenommene Funktionsbestimmung von Gleichnissen als Verdeutlichungstexte. Vielmehr bestätigen sie, dass der ursprüngliche Kontext und damit die Verdeutlichungsabsicht vieler Gleichnisse verloren gegangen sind. Allein dieser Situation verdanken die Verse 10 bis 20 ihre Entstehung und sind nur aus ihr zu erklären. Allerdings kommt die Situation dem speziellen Anliegen des Markusevangeliums entgegen, das Geheimnis der Messianität Jesu und des Himmelreichs Außenstehenden gegenüber zu wahren. Wenn man nicht mehr weiß, was ein bestimmtes Gleichnis verdeutlichen will, wird es in der Tat zu einem Rätseltext. So lässt sich aus einer Not eine Tugend machen. Die missglückte Auflösung des Rätsels verdirbt das dann freilich wieder.

Bei zwei Gleichnissen allerdings lässt sich tatsächlich jedes Element einzeln übertragen. Eines dieser beiden stammt aus der Reden-Quelle, auch wenn die Fassungen bei Matthäus und Lukas erheblich voneinander abweichen.

Das Gleichnis vom großen Abendmahl

Mt 22,1–10	Lk 14,16–24
[1]Und Jesus fing an und redete abermals in Gleichnissen zu ihnen und sprach: [2]Das Himmelreich gleicht einem König, der seinem Sohn die Hochzeit ausrichtete. [3]Und er sandte seine Knechte aus, die Gäste zur Hochzeit zu laden; doch sie wollten nicht kommen. [4]Abermals sandte er andere Knech-	[16]Er aber sprach zu ihm: Es war ein Mensch, der machte ein großes Abendmahl und lud viele dazu ein. [17]Und er sandte seinen Knecht aus zur Stunde des Abendmahls, den Geladenen zu sagen: Kommt, denn es ist alles bereit! [18]Und sie fingen an alle nacheinander, sich zu entschuldigen. Der erste sprach zu

te aus und sprach: Sagt den Gästen: Siehe, meine Mahlzeit habe ich bereitet, meine Ochsen und mein Mastvieh ist geschlachtet und alles ist bereit; kommt zur Hochzeit! [5]Aber sie verachteten das und gingen weg, einer auf seinen Acker, der andere an sein Geschäft. [6]Einige aber ergriffen seine Knechte, verhöhnten und töteten sie. [7]Da wurde der König zornig und schickte seine Heere aus und brachte diese Mörder um und zündete ihre Stadt an. [8]Dann sprach er zu seinen Knechten: Die Hochzeit ist zwar bereit, aber die Gäste waren's nicht wert. [9]Darum geht hinaus auf die Straßen und ladet zur Hochzeit ein, wen ihr findet! [10]Und die Knechte gingen auf die Straßen hinaus und brachten zusammen, wen sie fanden, Böse und Gute, und die Tische wurden alle voll.

ihm: Ich habe einen Acker gekauft und muss hinausgehen und ihn besehen; ich bitte dich, entschuldige mich. [19]Und der zweite sprach: Ich habe fünf Gespanne Ochsen gekauft und ich gehe jetzt hin, sie zu besehen; ich bitte dich, entschuldige mich. [20]Und der dritte sprach: Ich habe eine Frau genommen; darum kann ich nicht kommen. [21]Und der Knecht kam zurück und sagte das seinem Herrn. Da wurde der Hausherr zornig und sprach zu seinem Knecht: Geh schnell hinaus auf die Straßen und Gassen der Stadt und führe die Armen, Verkrüppelten, Blinden und Lahmen herein. [22]Und der Knecht sprach: Herr, es ist geschehen, was du befohlen hast; es ist aber noch Raum da. [23]Und der Herr sprach zu dem Knecht: Geh hinaus auf die Landstraßen und an die Zäune und nötige sie hereinzukommen, dass mein Haus voll werde. [24]Denn ich sage euch, dass keiner der Männer, die eingeladen waren, mein Abendmahl schmecken wird.

Vergleicht man beide Fassungen (siehe Abb. 7), fällt außer der pompöseren Ausstattung – ein König statt eines Mannes, eine Hochzeit statt eines Gastmahls usw. – an der des Matthäus auf, dass dort das Geschehen einen geradezu aberwitzigen Verlauf nimmt. Gewiss enthält auch die Lukasfassung einige Unwahrscheinlichkeiten, z.B. die gleichzeitige Absage aller Gäste, bleibt aber noch im Rahmen des Möglichen. Wenn dagegen die Geladenen die Überbringer der Einladung verhöhnen und töten, so muss dies selbst den gutwilligsten Zuhörer verstören. Wenn dann noch die Hochzeitsfeier unterbrochen wird, bis der König seinen Rachefeldzug gegen die Mörder geführt und ihre Stadt vernichtet hat, treibt dies die Erzählung bis zur Absurdität.

Mt 22,2–10	Lk 14,16–24
König – Hochzeitsfeier – viele Knechte	Mann – Abendmahl – ein Knecht
Nochmalige Aussendung der Knechte	
Verspottung und Tötung der Knechte	Drei Entschuldigungen: Acker gekauft; Ochsen gekauft; Frau genommen
Bestrafung der Mörder und Vernichtung der Stadt	
»Ladet zur Hochzeit ein, so viele ihr findet!«	»Führe die Armen und Krüppel und Blinden und Lahmen herein!«
	Nochmalige Aussendung des Knechtes

Abb.: 7 Unterschiede zwischen den beiden Gleichnisfassungen

Um zu erklären, wie Matthäus zu solch einer abstrusen Darstellung kommt, muss zuvor die beiden Fassungen gemeinsame Verdeutlichungsabsicht des Gleichnisses, die wieder nicht mit überliefert ist, zu eruieren versucht werden. Man darf davon ausgehen, dass in dem von Lukas dem Gleichnis angefügten Schlusssatz (V. 24) mit den »eingeladenen Männern« die Juden gemeint sind. Somit richtet sich das Gleichnis an diejenigen unter ihnen, die meinen, Jesu Botschaft in den Wind schlagen zu können, da ihnen als Angehörige des auserwählten Volkes Gottes das Himmelreich ohnehin gewiss sei. Ihnen sagt Jesus, dass sie sich da nicht so sicher sein sollten, dass es vielmehr am Ende so kommen könnte, wie er es in dem Gleichnis erzählt. Somit geht es hier – wie in dem Doppelgleichnis Mt 13,44–46 – wieder um die Einstellung der Menschen gegenüber der Person und Botschaft Jesu.

Die Ablehnung, die Jesus durch die Mehrheit der Juden erfahren hat, empörte keinen anderen Evangelisten so sehr wie Matthäus. In diesem Gleichnis, das in der Reden-Quelle etwa die Form gehabt haben dürfte, in der Lukas es präsentiert, sah Matthäus eine willkommene Gelegenheit, den Juden die Konsequenzen ihres Verhaltens vor Augen zu führen. Als er sein Evangelium verfasste, lag der Aufstand der Juden gegen die römische Besatzungsmacht, der im Jahre 70 n.Chr. blutig niedergeschlagen worden war und zur Zerstörung Jerusalems geführt hatte, gut ein Jahrzehnt zurück. Auf Kosten der erzählerischen Logik baut er dieses Ereignis in seine Fassung des Gleichnisses ein – die Zerstörung der Stadt (Jerusalem) durch den König wird zu einem Strafgericht Gottes über die Juden als den ursprünglich geladenen Gästen. Ist der König mit Gott gleichzusetzen, dann natürlich sein Sohn mit Jesus. Die Knechte des Königs finden ihre Entsprechung in den Propheten, für die der Begriff »Gottesknecht« eine geläufige Bezeichnung war und von denen nicht wenige dasselbe Schicksal erlitten haben, das Matthäus den Knechten des Königs widerfahren lässt.

Auf diese Weise ist das Gleichnis in der Matthäusfassung, die erst nach dem Jahre 70 n.Chr. entstanden sein und folglich nicht von Jesus stammen kann, tatsächlich Zug um Zug aufzuschlüsseln. Allerdings ist diese Fassung im Gegensatz zu der des Lukas kein Gleichnis mehr. Matthäus hat es, wohl ohne sich dessen bewusst zu sein, in eine so genannte Allegorie verwandelt, die eben dadurch gekennzeichnet ist, dass sich jedem ihrer Elemente eine Entsprechung in der Wirklichkeit zuordnen lässt.

Aber auch Lukas hat das Gleichnis nicht ganz unverändert in sein Evangelium übernommen. Bei Matthäus werden die Gäste, die an die Stelle der ursprünglich geladenen treten, nicht näher spezifiziert, was der Form des Gleichnisses in der Reden-Quelle entsprechen dürfte. Bei Lukas werden »die Armen und Krüppel und Blinden und Lahmen« ausgewählt. Dieser uns an Jesus so vertraute Zug, sich für alle Arten von Benachteiligten einzusetzen, wird von Lukas an vielen Stellen seines Evangeliums hervorgehoben und geht möglicherweise sogar ganz auf sein Konto.

Neben diesem »unechten« Gleichnis gibt es noch andere Texte, die als Gleichnisse bezeichnet werden, ohne es zu sein. Das gilt z.B. für die bekannte Erzählung vom barmherzigen Samariter aus dem Sondergut des Lukas (Lk 10,25–37). Sie enthält keinen Vergleich, vielmehr gibt Jesus mit dem Verhalten des Samariters ein Beispiel, das keiner Übertragung bedarf, sondern zur Nachahmung auffordert. Bei Texten dieser Art handelt es sich um Beispielerzählungen.

7.3 Wundergeschichten

Die Wundergeschichten unterteilt man je nach dem, worauf sich
das Wunder bezieht, in Natur- und Heilungswunder. Letztere
lassen sich nach Krankheitsarten weiter differenzieren. Denn es
ist etwas anderes, ob Jesus ein körperliches Gebrechen wie
Blindheit oder Lahmheit beseitigt oder ob er Dämonen und unreine Geister aus Besessenen austreibt. Was in damaliger Zeit als
Besessenheit bezeichnet wurde, fällt nach heutigem Verständnis
unter die psychischen Erkrankungen. Es gibt keinen Grund zu
bezweifeln, dass Jesus auf diesem Gebiet Fähigkeiten besaß,
Menschen zu helfen. Erheblich schwerer fällt es dagegen,
Berichten Glauben zu schenken, nach denen Jesus Blinde und
Lahme geheilt und sogar Tote auferweckt haben soll. Wenn man
bedenkt, dass es in neutestamentlicher Zeit neben Jesus noch
andere Wanderprediger gab, denen Wunderheilungen nachgesagt
wurden, lassen sich die Totenauferweckungen als spätere Über-
treibungen begreifen, die die Überlegenheit Jesu gegenüber Kon-
kurrenten herausstellen sollten. Rationalistische Erklärungsver-
suche der Art, dass die Toten in Wahrheit nur scheintot gewesen
seien, oder symbolische Deutungen, nach denen etwa die Heilung
eines Blinden so zu verstehen sei, dass Jesus ihm im übertrage-
nen Sinn die Augen geöffnet habe, sind dagegen untaugliche
Versuche, den Geschichten für heutige Ohren das Anstößige zu
nehmen. Deren eigentliche Absicht soll am Beispiel der Heilung
eines Gelähmten (Mk 2,1–12) erläutert werden.

[1]Und nach einigen Tagen er [Jesus] wieder nach Kapernaum; und es
wurde bekannt, dass er im Hause war. [2]Und es versammelten sich viele,
sodass sie nicht Raum hatten, auch nicht draußen vor der Tür; und er
sagte ihnen das Wort. [3]Und es kamen einige zu ihm, die brachten einen
Gelähmten, von vieren getragen. [4]Und da sie ihn nicht zu ihm bringen
konnten wegen der Menge, deckten sie das Dach auf, wo er war, machten
ein Loch und ließen das Bett herunter, auf dem der Gelähmte lag. [5]Als
nun Jesus ihren Glauben sah, sprach er zu dem Gelähmten: Mein Sohn,
deine Sünden sind dir vergeben. [6]Es saßen da aber einige Schriftgelehrte
und dachten in ihren Herzen: [7]Wie redet der so? Er lästert Gott. Wer
kann Sünden vergeben als Gott allein? [8]Und Jesus erkannte sogleich in
seinem Geist, dass sie so bei sich dachten, und sprach zu ihnen: Was
denkt ihr solches in euren Herzen? [9]Was ist leichter, zu dem Gelähmten
zu sagen: Dir sind deine Sünden vergeben, oder zu sagen: Steh auf, nimm

dein Bett und geh umher? [10]Damit ihr aber wisst, dass der Menschensohn Vollmacht hat, Sünden zu vergeben auf Erden – sprach er zu dem Gelähmten: [11]Ich sage dir: Steh auf, nimm dein Bett und geh heim! [12]Und er stand auf, nahm sein Bett und ging alsbald hinaus vor aller Augen, sodass sie sich alle entsetzten und Gott priesen und sprachen: Wir haben so etwas noch nie gesehen.

Jesu Zulauf ist gewaltig. Das Vertrauen in seine Heilfähigkeiten ist bei dem Gelähmten und seinen Begleitern so groß, dass sie keine Mühen scheuen, um zu Jesus zu gelangen. Doch statt der erwarteten Heilung erhält der Gelähmte Sündenvergebung. Sollte man Jesu Frage, ob es leichter sei, Sünden zu vergeben oder einen Gelähmten zu heilen, heutzutage beantworten, wo der Begriff der Sünde sein religiöses Gewicht weitgehend verloren hat und trivialisiert worden ist (»Verkehrssünder«), neigte man vermutlich dazu, die Heilung für schwieriger zu halten. In der damaligen Zeit jedoch wurden schwere Erkrankungen als Strafe Gottes für begangene Sünden verstanden. Indem Jesus dem Gelähmten seine Sünden vergibt, beseitigt er also die tiefere Ursache, die dessen Erkrankung zu Grunde liegt. Die äußere Genesung ist dann nicht mehr als die zwangsläufige Folge. So wird denn auch von den anwesenden Schriftgelehrten die Sündenvergebung als das eigentlich Anstößige empfunden, da sie Gott allein vorbehalten ist. Dass Jesus sie sich anmaßt, ist in ihren Augen Gotteslästerung. Indem die Geschichte das göttliche Privileg der Sündenvergebung auf Jesus überträgt, legt sie ein Bekenntnis zu Jesus als Bevollmächtigten Gottes ab, ist sie im Grunde ein Glaubensbekenntnis. Dabei will auch bedacht sein, dass es der Glaube des Gelähmten (bzw. seiner Freunde) ist, der Jesus zur Hilfe veranlasst. Insofern gilt auch für ihn, was Jesus zu einem anderen Geheilten sagt: »Dein Glaube hat dich gerettet.« (Mk 10,52)

Bei uns heutigen Menschen mit unserem naturwissenschaftlich geprägten Weltbild stoßen die Naturwunder womöglich auf noch größere Skepsis als die Heilungswunder. Dass etwas gegen die Naturgesetze geschehen kann, wie etwa die Stillung eines Seesturms (Mk 4,35–41), ist mit diesem Weltbild nicht vereinbar.

[35]Und am Abend desselben Tages sprach er zu ihnen: Lasset uns hinüberfahren! [36]Und sie ließen das Volk gehen und nahmen ihn mit, wie er im Boot war, und es waren noch andere Boote bei ihm. [37]Und es erhob sich ein großer Windwirbel und die Wellen schlugen in das Boot, sodass das

Boot schon voll wurde. [38]Und er war hinten im Boot und schlief auf einem Kissen. Und sie weckten ihn auf und sprachen zu ihm: Meister, fragst du nichts danach, dass wir umkommen? [39]Und er stand auf und bedrohte den Wind und sprach zu dem Meer: Schweig und verstumme! Und der Wind legte sich und es entstand eine große Stille. [40]Und er sprach zu ihnen: Was seid ihr so furchtsam? Habt ihr noch keinen Glauben? [41]Sie aber fürchteten sich sehr und sprachen untereinander: Wer ist der? Auch Wind und Meer sind ihm gehorsam!

Diese Geschichte musste jedem Juden bekannt vorkommen, musste ihn an die Erzählung über den Propheten Jona in der Form erinnern, die sie vor ihrer Kodifizierung als biblisches Buch hatte.

Da fand er [Jona] ein Schiff, das nach Tharsis fuhr. Er bezahlte den Fahrpreis und stieg ein, um mit nach Tharsis zu fahren. Aber der Herr warf einen gewaltigen Wind auf das Meer. Da fürchteten sich die Schiffsleute und schrien ein jeder zu seinem Gott. Jona aber war in den Hinterraum des Schiffes (oder: untersten Schiffsraum) hinabgestiegen, hatte sich niedergelegt und schlief fest. Da trat der Schiffshauptmann an ihn heran und sprach zu ihm: Was kommt dich an, zu schlafen? Auf, rufe deinen Gott an; vielleicht nimmt er Rücksicht auf uns, dass wir nicht verderben. Da stand das Meer ab von seinem Wüten. Da fürchteten die Männer sich sehr. Da sprachen sie zu ihm: Sage uns doch, was ist dein Gewerbe und woher kommst du? Wo bist du daheim und zu welchem Volk gehörst du? Er antwortete ihnen: Ich bin ein Hebräer und verehre den Herrn, den Gott des Himmels, der das Meer und das Trockene gemacht hat. Es kam aber große Furcht vor dem Herrn über die Männer, und sie schlachteten dem Herrn ein Opfer und taten Gelübde.

Aus: Kapitel 1 des Buches Jona (Text hergestellt von Baumgartner und Bultmann)

Der Vorgang beider Erzählungen verläuft zu ähnlich, als dass man eine unabhängige Entstehung annehmen könnte. Da dem Verfasser der Jesusgeschichte klar war, dass sie als Plagiat der Jonageschichte verstanden werden musste, darf man davon ausgehen, dass diese bewusst auf Jesus übertragen worden ist. Den Grund dafür erkennt man, wenn man sich den kleinen, aber bedeutsamen Unterschied zwischen beiden Erzählungen vor Augen führt. Jona ruft Gott an, damit dieser den Sturm besänftige. Also nicht Jona ist der Wundertäter, sondern Gott, dem allein dies zusteht. Jesus dagegen gebietet dem Sturm aus eigener Machtvollkommenheit. Damit begeht er in den Augen der Juden

nicht anders als mit der Sündenvergebung Gotteslästerung. Die
Christen legen mit dieser Geschichte wiederum ein Bekenntnis
ab zu Jesus als ihrem von Gott mit Vollmacht versehenen Herrn.
Nicht zufällig verweist Jesus die Jünger am Ende der Geschichte,
das über die Vorlage hinausgeht, auf den Glauben.

Somit gilt für die Wundergeschichten das Gleiche wie für die
Evangelien insgesamt: Es handelt sich nicht in erster Linie um
biografische Darstellungen über Jesus, sondern um ein in unterschiedliche Erzählformen gefasstes Bekenntnis des Glaubens an
Jesus, den Herrn.

8. Die Apostelgeschichte

Lukas versteht die Apostelgeschichte als Fortsetzung seines
Evangeliums. Sie beschreibt, so könnte man sie zusammenfas-
send charakterisieren, die Ausführung des Missionsbefehls Jesu
an seine Jünger, mit dem das Matthäusevangelium endet. Lukas
beschließt sein Evangelium mit der Himmelfahrt Jesu, die er zu
Beginn der Apostelgeschichte – allerdings mit einer anderen
Akzentuierung – wiederholt. Schließt sie im Evangelium die
Geschichte von Jesus ab, so eröffnet sie hier mit der Ankündi-
gung der Geistverleihung (Pfingsten) das eigene Wirken der
Jünger. Zunächst jedoch stellen die nach dem Selbstmord des
Verräters Judas verbliebenen elf Jünger durch die Wahl des
Matthias die Zwölfzahl wieder her. Sie ist hier wie in den Evan-
gelien als symbolische Zahl zu begreifen: Auf jeden der zwölf
Stämme Israels sollte ein Jünger kommen.

Das Pfingstgeschehen hat zwei Komponenten: die Geist- und
die Sprachverleihung. Es ist bemerkenswert, wie Lukas diesen
nicht einfach darzustellenden Vorgang erzähltechnisch meistert.
Den seiner Natur nach unsichtbaren Geist macht er durch das
Brausen des Windes akustisch wahrnehmbar, wobei er die doppelte Bedeutung des hier verwendeten griechischen Wortes *pneuma*
als Wind und als Geist nutzt. Die Sprachverleihung macht er
durch Feuerzungen, die sich den Jüngern aufs Haupt setzen,
optisch wahrnehmbar. Auch diese Darstellung greift auf eine
sprachliche Doppelbedeutung zurück. Im Lateinischen bezeichnet
das Wort *lingua* sowohl die Zunge als auch die Sprache.

An Pfingsten werden die (ehemaligen) Jünger zu Aposteln (= Sendboten), deren Anzahl damit auf zwölf begrenzt ist. Mit der Geistverleihung werden sie autorisiert und mit der Sprachverleihung befähigt, »von den großen Taten Gottes« (Apg 2,11) zu reden. Zur Zeit des Lukas war das Christentum bereits in weiten Teilen des römischen Reiches verbreitet. Da das Verkündigungsmonopol bei den Aposteln lag, war das nur so zu erklären, dass diese alle im römischen Reich gesprochenen Sprachen beherrschten. Historisch gesehen hat das Christentum seine rasche Ausbreitung natürlich nicht allein den zwölf Aposteln zu verdanken, zumal die Mehrzahl von ihnen Israel nicht verlassen haben dürfte. Verbürgt ist eine Missionstätigkeit außerhalb Palästinas allein für Paulus.

Den Kern der apostolischen Verkündigung bildet das Bekenntnis zu Jesu Auferstehung von den Toten. Das allerdings ist bereits Ostern formuliert und zunächst wahrscheinlich in Jerusalem, vielleicht aber auch in Galiläa verbreitet worden. Als Markierung des Beginns christlicher Verkündigung fällt deshalb Pfingsten mit Ostern zusammen. Und in Hinblick auf die Verbreitung des Christentums in andere Sprachgebiete beschreibt Pfingsten keinen Zeitpunkt, sondern einen Zeitraum. Mithin stellt Pfingsten kein historisch fixierbares Datum wie Ostern dar, sondern ein symbolisches.

Der aufgrund seiner zahlreichen Briefe bekannteste und in seiner theologischen Wirkung wohl bedeutendste Apostel war Paulus. Ihm ist denn auch über die Hälfte der Apostelgeschichte gewidmet, und das, obwohl er eigentlich gar nicht hätte Apostel werden können! Denn dafür fehlten ihm die zwei notwendigen Voraussetzungen: Er ist kein Jünger Jesu gewesen, ist diesem zu dessen Lebzeiten nicht einmal begegnet, und er hat nicht an Pfingsten teilgenommen. Lukas war sich dieses Problems durchaus bewusst. Seine Darstellung der Bekehrung des Saulus zum Paulus, des Christenverfolgers zum Christusverkündiger, versteht dieses doppelte Manko erzählerisch geschickt zu kompensieren. Die Lichterscheinung, die Paulus vor Damaskus widerfährt und ihn drei Tage lang blendet, ersetzt die Teilnahme an Pfingsten, die Stimme Jesu, die zu ihm spricht, die Jüngerschaft. Damit jedoch lässt es Lukas noch nicht bewenden. Seinem Bericht zufolge begibt sich Paulus nach seiner abenteuerlichen Flucht aus Damaskus, wo man ihm nach dem Leben trachtet, direkt nach Jerusalem, um dort von den etablierten Aposteln seine Akkreditierung als Apostel zu erhalten. Das steht im Widerspruch zu Paulus' eigener Darstellung im Galaterbrief. Dort schreibt Paulus, er sei nach seiner Bekehrung »nicht nach Jerusalem hinauf[gezogen] zu denen, die vor mir Apostel waren,« sondern habe sich nach Arabien begeben und sei dann wieder nach Damaskus zurückgekehrt (Gal 1,15–17). Das zeugt von großem Selbstbewusstsein.

Über das Predigen hinaus regelten die Apostel zunächst auch alle anderen Angelegenheiten in der Jerusalemer Gemeinde. Als sie diese vielfältigen Tätigkeiten nicht mehr allein zu bewältigen vermochten, beschlossen sie, sich auf ihre Kernaufgabe, die Verkündigung, zu konzentrieren und für die anderen Aufgaben, etwa die gerechte Verteilung von Speisen unter die Bedürftigen, sieben Helfer wählen zu lassen, die so genannten Diakone. Einer von ihnen war Stephanus. Der begnügte sich jedoch nicht mit Hilfsarbeiten, sondern fühlte sich zu Höherem berufen und »tat große Wunder und Zeichen unter dem Volke« (Apg 6,8) – was er allerdings mit seinem Leben bezahlte.

Damit weitet die Apostelgeschichte das ursprüngliche Verkündigungsmonopol der ehemaligen Jünger Jesu über Paulus hinaus auf Stephanus aus. An seinem Schicksal lässt sich die Erzählabsicht der Apostelgeschichte exemplarisch verdeutlichen.

Als Stephanus sich in Streitgesprächen seinen Gegnern überlegen erweist, lassen die ihn der Gotteslästerung bezichtigen. Daraufhin wird er gefangen genommen und vor den Hohen Rat geführt, wo falsche Zeugen gegen ihn aussagen. Mit seiner Verteidigungsrede bringt er den Hohen Rat noch weiter gegen sich auf, sodass er schließlich aus der Stadt hinausgestoßen und gesteinigt wird. Vor seinem Tod betet er: »Herr Jesus, nimm meinen Geist auf!« und ruft »mit lauter Stimme: Herr, rechne ihnen diese Sünde nicht an!« (Apg 7,59f.). Auch ohne die entsprechenden Stellen aus den Evangelien anzuführen, dürfte deutlich sein, dass die Stephanusgeschichte der Passionsgeschichte Jesu getreu nachgebildet ist. Auf diese Weise wird Stephanus zum ersten Märtyrer des Christentums stilisiert und sein Verhalten als vorbildlich für Christen hingestellt. Auch Petrus und die anderen Apostel lassen sich, als sie gefangen vor den Hohen Rat geführt werden, weder einschüchtern noch den Mund verbieten, sondern bekennen mutig, dass man Gott mehr gehorchen müsse als den Menschen (Apg 5,29). Sie werden zwar nicht getötet, aber immerhin ausgepeitscht. Als Lukas seine Apostelgeschichte schrieb, litten die Christen bereits unter Verfolgungen. In dieser Situation konnten die Apostel als leuchtende Vorbilder dienen, deren Geschichten Mut machen und zur Standhaftigkeit im Glauben aufrufen sollten.

9. Zusammenhang von Altem und Neuem Testament

Bevor das Alte Testament in den Blick genommen wird, ist auf die zu Beginn dieses Kapitels aufgeworfene Frage zurückzukommen, was die Christen das Alte Testament, das Glaubensbuch der Juden, überhaupt angehe. Aus welchem Grund halten sie trotz gelegentlicher Ablehnung des Alten Testaments an der Einheit beider Testamente fest? Die erste, simple Antwort lautet: weil Jesus Jude war und sich und seine Botschaft als in der jüdischen Tradition stehend begriffen hat. In der Bergpredigt* des Matthäusevangeliums sagt Jesus seinen Zuhörern: »Ihr sollt nicht meinen, dass ich gekommen bin, das Gesetz oder die Propheten aufzulösen. Ich bin nicht gekommen aufzulösen, sondern zu erfüllen.« (Mt 5,17) Mit dem Gesetz ist das Gesetz Mose gemeint, das in der Thora (= den fünf Büchern Mose), dem Herzstück der jüdischen Bibel, niedergelegt ist. Im Lukasevangelium heißt es gar: »Es ist aber leichter, dass der Himmel und die Erde vergehen, als dass *ein* Tüpfelchen vom Gesetz fällt.« (Lk 16,17) Dies Bekenntnis zum jüdischen Gesetz, zur Thora, hindert Jesus freilich, wie wir gesehen haben, nicht daran, die Gesetzesauslegung, etwa die des Sabbatgebots durch die Pharisäer*, dort zu kritisieren, wo sie sich gegen den Menschen wendet.

Als Jesus nach Darstellung des Matthäus seine zwölf Jünger aussendet, gibt er ihnen folgende Anweisung mit auf den Weg: »Geht nicht den Weg zu den Heiden und zieht in keine Stadt der Samariter, sondern geht hin zu den verlorenen Schafen aus dem Hause Israel« (Mt 10,5f.). Jesu exklusiv auf das jüdische Volk bezogenes Sendungsbewusstsein bekommt auch eine kanaanäische Frau zu spüren, die Jesus um eine Dämonenaustreibung bei ihrer Tochter bittet. Doch der weist sie mit den Worten ab: »Ich bin nur gesandt zu den verlorenen Schafen des Hauses Israel.« Als die Frau dennoch nicht locker lässt, bekommt sie den bitterbösen Satz zu hören: »Es ist nicht recht, dass man den Kindern ihr Brot nehme und werfe es vor die Hunde.« (Mt 15,24 u.26). Nur zur Klarstellung: Mit den Kindern sind die Angehörigen des Volkes Israel gemeint, mit den Hunden die Heiden. Zu Jesu Ehrenrettung sei vermerkt, dass er der Frau aufgrund ihres beharrlichen Glaubens am Ende doch noch hilft.

Nun mag es kein Zufall sein, dass die beiden gleichlautenden Bekenntnisse zur alleinigen Zuständigkeit für »die verlorenen Schafe des Hauses Israel« sich nur bei Matthäus finden. Angesicht der judenchristlichen Adressaten seines Evangeliums ist der Verdacht nicht von der Hand zu weisen, dass sie von Matthäus hinzugefügt worden sind. Gleichwohl dürften sie grundsätzlich das Selbstverständnis Jesu zutreffend wiedergeben, zumal Matthäus den zynischen Vergleich der Heiden mit Hunden von Markus übernommen hat (Mk 7,27), dieser also nicht als redaktionelle Zutat des Matthäus abgetan werden kann.

Wenn sich Jesus so eng an sein Volk gebunden fühlt, wird man seine Botschaft nur auf dem Hintergrund ihrer religiösen Tradition verstehen können. Die enge Verbundenheit Jesu mit der jüdischen Tradition wird übrigens auch dadurch bestätigt, dass Jesus heute in weiten Teilen des Judentums als Prophet verstanden und damit auch für die jüdische Religion in Anspruch genommen wird.

Die frühen Christen unterschieden sich von den vielen jüdischen Glaubensrichtungen jener Zeit vor allem dadurch, dass sie in Jesus den verheißenen Messias* sahen und verehrten. Der konnte nach allgemeinjüdischer Vorstellung nur aus dem Stamme Davids kommen. Diese Ansicht teilten auch die Christen. Das ist der Grund dafür, warum Lukas die Geburt Jesu nach Bethlehem verlegt, in die Vaterstadt Davids, und Matthäus seinem Evangelium einen Stammbaum voranstellt, der Jesus als Nachkommen Davids ausweist. Die Geburten sowohl Johannes' des Täufers als auch Jesu werden in gleichen Weise angekündigt wie im Alten Testament dem Erzvater Abraham die Geburt seines Sohnes Isaak (Gen 17). Und die Himmelfahrt Jesu ist nach den Vorbildern alttestamentlicher Entrückungsgeschichten gestaltet, wie sie von Henoch (Gen 5,24) und Elias (2 Kön 2,11) erzählt werden. Für die Wundergeschichte von der Stillung des Seesturms in den synoptischen Evangelien wird, wie oben dargelegt (s. S. 39), eine bekannte Geschichte über den Propheten Jona auf Jesus übertragen. Alle diese Beispiele zeigen, dass Jesus von den Verfassern der neutestamentlichen Schriften in die jüdische Tradition eingezeichnet wurde, aus der allein sie ihn verstehen konnten, durch den sie freilich zugleich diese Tradition neu zu sehen lernten, wie ihr Verständnis der zahlreichen alttestamentlichen Zitate in ihren Schriften zeigt. Als Petrus und Johannes wegen der Heilung eines Gelähmten gefangen genommen und vor den Hohen Rat geführt werden, antwortet Petrus auf die Frage, mit welcher Vollmacht er dies getan habe:

[8b]Ihr Oberen des Volkes und ihr Ältesten! [9]Wenn wir heute verhört werden wegen dieser Wohltat an dem kranken Menschen, durch wen er gesund geworden ist, [10]so sei euch und dem ganzen Volk Israel kundgetan: Im Namen Jesu Christi von Nazareth, den ihr gekreuzigt habt, den Gott von den Toten auferweckt hat; durch ihn steht dieser hier gesund vor euch. [11]Das ist der Stein, von euch Bauleuten verworfen, der zum Eckstein geworden ist. (Apg 4)

In Vers 11 verwendet Petrus eine bildliche Sprechweise, die sich nur dem erschließt, der ihre Herkunft kennt. Petrus zitiert hier einen Vers aus Psalm 118:

Der Stein, den die Bauleute verworfen haben,
der ist zum Eckstein geworden. (V.22)

In den Bauleuten sieht Petrus die Oberen des jüdischen Volkes, die Jesus (den Stein) getötet (verworfen bzw. missachtet) haben, der jedoch von Gott von den Toten auferweckt und zum Herrn und Heiland gemacht worden (zum Eckstein geworden) ist. Betrachtet man das Alte Testament durch die christliche Brille, lassen sich darin überall Vorausweisungen auf Jesus sehen. Zuweilen allerdings wird diese Sichtweise überstrapaziert. Wenn Matthäus den Ausspruch aus dem Buch des Propheten Hosea »Aus Ägypten rief ich meinen Sohn« (Hos 11,1) so versteht, als riefe Gott hier Jesus (Mt 2,15), dann reißt diese Interpretation den Satz aus dem Zusammenhang, der ein ganz anderes Verständnis nahelegt; denn Hosea spricht hier vom Volk Israel.

Altes Testament

10. Geschichtsbuch und Glaubensbuch

Die Schriften des Alten Testaments unterteilt man üblicherweise in die Geschichtsbücher, die poetischen und die prophetischen Bücher, von denen die Geschichtsbücher über die Hälfte des Gesamtumfangs ausmachen. Um Geschichtsschreibung im modernen Sinne handelt es sich bei ihnen allerdings nicht. Zum einen genügen sie nicht den heutigen Ansprüchen an die historische Faktizität. Zum anderen stellen sie weniger eine profane Nationalgeschichte dar als vielmehr die Religionsgeschichte des Volkes Israel, noch genauer die Geschichte des Volkes mit seinem Gott bzw. umgekehrt die Geschichte Gottes mit seinem Volk. Das Alte Testament ist somit Geschichts- und Glaubensbuch in einem, sodass sich zwischen profaner und religiöser Geschichte nicht trennen lässt. Besonders deutlich zeigt sich deren Kongruenz in den so genannten »Geschichtssummarien«, die Glaubensbekenntnis und Geschichtszusammenfassung zugleich sind. Sie finden sich an dreizehn Stellen über das gesamte Alte Testament verteilt, am häufigsten freilich in den Geschichtsbüchern, z.B. im fünften Buch Mose:

Ein umherirrender Aramäer [Jakob] war mein Vater; der zog hinab mit wenig Leuten nach Ägypten und blieb daselbst als Fremdling und ward daselbst zu einem großen, starken und zahlreichen Volke. [6]Aber die Ägypter misshandelten uns und bedrückten uns und legten uns harte Arbeit auf. [7]Da schrieen wir zu dem Herrn, dem Gott unsrer Väter, und der Herr erhörte uns und sah unser Elend, unsre Mühsal und Bedrückung; [8]und der Herr führte uns heraus aus Ägypten mit starker Hand und ausgerecktem Arm, unter großen Schrecknissen, unter Zeichen und Wundern, [9]und brachte uns an diesen Ort und gab uns dieses Land, ein Land, das von Milch und Honig fließt. [10]Und nun bringe ich da die Erstlinge von den Früchten des Landes, das du mir gegeben hast, o Herr. (5 Mose 26,5b–10a; Übersetzung der Zürcher Bibel)

Der Schlusssatz macht deutlich, dass dieses geschichtliche Glaubensbekenntnis im Rahmen eines kultischen Festes gesprochen wird, das mit dem christlichen Erntedankfest vergleichbar ist. Mit der Darbringung der »Erstlinge von den Früchten des Landes« stattet das Volk seinem Gott dafür Dank ab, dass er ihm dieses Land gegeben hat,»das von Milch und Honig fließt«. Einen unverhältnismäßig breiten Raum nimmt die Herausführung aus der Knechtschaft Ägyptens ein. Das lässt darauf schließen, dass sie eine zentrale Rolle im Geschichts- und Religionsverständnis Israels spielt. Sie ist in der Tat eines ihrer religiösen Urerlebnisse und hat ihren ältesten literarischen Niederschlag in dem Mirjam-Lied gefunden:

[21]Und Mirjam sang ihnen vor:
Lasst uns dem Herrn singen,
denn er hat eine herrliche Tat getan;
Ross und Mann hat er ins Meer gestürzt.
(2 Mose 15,21)

Der kurze Hymnus, in dem manche Forscher die Keimzelle der israelitischen Geschichtsüberlieferung sehen, bezieht sich auf die Errettung am Schilfmeer, das die fliehenden Israeliten trockenen Fußes durchqueren konnten, während die sie verfolgenden Ägypter in dem zurückflutenden Meer ertranken. Diese Rettung, mit der man überhaupt nicht rechnen konnte, wurde als von Gott gewirktes Wunder erfahren und entsprechend dargestellt (s. S. 53). Auch wenn die geografische Lage des Schilfmeers nicht mehr zu lokalisieren ist, kann man davon ausgehen, dass hinter dem Auszug aus Ägypten ein historisches Ereignis steht, das zwischen 1300 und 1200 v.Ch. anzusetzen ist, auch wenn dies neuerdings von archäologischer Seite bestritten wird.[1] Einen möglichen Hinweis auf die Historizität liefert die Bezeichnung Hebräer für den ausgewanderten Volksstamm. Die etymologische Herkunft

---

1 So von Israel Finkelstein und Neil Silbermann in ihrem Bestseller »Keine Posaunen vor Jericho. Die archäologische Wahrheit der Bibel«, München 2004, S. 76:»Die Schlußfolgerung, daß der Auszug sich weder zu der in der Bibel beschriebenen Zeit noch in der darin geschilderten Weise ereignet hat, ist unwiderlegbar, wenn wir die Befunde an den spezifischen Stätten überprüfen, an denen die Israeliten während ihrer Wanderung durch die Wüste längere Zeit gelagert haben sollen (Numeri 33) und an denen irgendwelche archäologischen Spuren, – falls vorhanden – mit größter Sicherheit gefunden werden müßten.« Das forsche Urteil erscheint keineswegs so zwingend, wie es hier vorgetragen wird. Von fehlenden archäologischen Spuren aus der Wüstenwanderungszeit darauf zu schließen, dass der Auszug aus Ägypten nicht stattgefunden habe, erscheint methodisch fragwürdig. Zudem wird die »archäologische Wahrheit« nicht durch die Funde selbst geschaffen, sondern durch deren Interpretation mit ihren jeder Interpretation eigenen Anteilen an subjektiver Einschätzung. Die »archäologische Wahrheit« ist eben nicht die ganze Wahrheit, sondern nur ein Teil davon.

dieses Wortes, nach dem heute noch die Sprache Israels benannt wird, ist zwar nicht eindeutig geklärt, aber viel deutet darauf hin, dass es ägyptischen Ursprungs ist.

Die so genannte Vätergeschichte dagegen, die in dem Geschichtssummarium knapp zusammengefasst dem Auszug aus Ägypten vorangestellt wird, ist hinsichtlich ihrer Historizität anders zu beurteilen. Sie ist durch und durch fiktiv und zu einer Familienlegende über vier Generationen stilisiert. Die Vätergestalten sind Abraham, Isaak, Jakob und Joseph, wobei Jakob mit seinen zwölf Söhnen zum eigentlichen Stammvater der zwölf Stämme wird, aus denen das Volk Israel zusammenwächst. Mit der Familienlegende wird der Beginn der Beziehung Gottes zu seinem Volk vor dessen historische Anfänge in eine vorgeschichtliche, mythische Zeit verlegt. Aber auch hinter die Vätergeschichte ließ sich noch weiter zurückfragen – bis an den Anfang der Welt, der Thema der biblischen Urgeschichte ist.

Im fünften Buch Mose findet sich ein weiteres Geschichtssummarium, das allerdings in einem anderen Kontext steht, einen anderen »Sitz im Leben« hat, wie die Theologen sagen, als das oben zitierte.

[20]Wenn dich nun dein Sohn morgen fragen wird: Was sind das für Vermahnungen, Gebote und Rechte, die euch der Herr, unser Gott, geboten hat?, [21]so sollst du deinem Sohn sagen: Wir waren Knechte des Pharao in Ägypten, und der Herr führte uns aus Ägypten mit mächtiger Hand; [22]und der Herr tat große und furchtbare Zeichen und Wunder an Ägypten und am Pharao und an seinem ganzen Hause vor unsern Augen [23]und führte uns von dort weg, um uns hineinzubringen und uns das Land zu geben, wie er unsern Vätern geschworen hatte. [24]Und der Herr hat uns geboten, nach all diesen Rechten zu tun, dass wir den Herrn, unsern Gott, fürchten, auf dass es uns wohlgehe unser Leben lang, so wie es heute ist. [25]Und das wird unsere Gerechtigkeit sein, dass wir alle diese Gebote tun und halten vor dem Herrn, unserm Gott, wie er uns geboten hat. (5 Mose 6,20–25)

Hier dient das Geschichtssummarium dem Vater dazu, seinem Sohn den Grund für die Einhaltung von Gottes Gesetzen zu erklären. Die Einhaltung dieser Gesetze garantiert dem Volk Israel sein Wohlergehen in dem ihm von Gott gegebenen Land. Wenn von Gottes Gesetzen die Rede ist, denkt man zunächst und zu Recht an die berühmten Zehn Gebote, die Mose im Rahmen des Bundesschlusses am Berg Sinai von Gott erhalten hat. Dieser Bundesschluss (s. S. 55f.) ist neben dem Schilfmeerwunder das zweite religiöse Urerlebnis Israels, das noch grundlegender ist als das erste, das zwar die Bindung des Volkes Israel an seinen Gott konstituiert, aber ein singuläres Ereignis darstellt. Der Bundesschluss hingegen begleitet dauerhaft die Beziehung zwischen beiden. Um so erstaunlicher, dass davon in keinem der beiden Geschichtssummarien die Rede ist. Man muss deshalb annehmen, dass die zwölf Stämme Israels unterschiedlicher Herkunft sind und ihre je eigene Geschichte und religiöse Tradition mitgebracht haben. Offenbar war der Volksstamm, dem das Schilfmeerwunder widerfuhr, ein anderer als der, mit dem Gott am Sinai einen Bund schloss. Erst später, nach der Formulierung der Geschichtssummarien, als die Volksstämme sich vereinigt hatten, wuchsen auch deren religiöse Schlüsselerlebnisse zu einer gemeinsamen Tradition zusammen.

Gegen diese Erklärung wird man einwenden, dass sich sowohl das Schilfmeerwunder als auch der Bundesschluss am Sinai unter Moses Führung vollzogen haben. Tatsächlich jedoch gehört Mose entweder in die Sinai- oder in die Schilfmeertradition, in beiden zusammen kann er jedenfalls nicht von Anfang an präsent gewesen sein. Vielmehr ist eine von beiden erst später beim Zusammenwachsen der verschiedenen Traditionsstränge auf ihn bezogen worden, wodurch er zu deren Integrationsfigur wird. Es ist aber auch nicht auszuschließen, dass es sich bei Mose nicht um eine historische, sondern um eine fiktive Gestalt handelt, die eben zu dem Zweck erfunden worden ist, die verschiedenen Traditionen auf sie zu vereinen.

In beiden Geschichtssummarien wird die vierzigjährige Wüstenwanderungszeit übersprungen, die nach biblischer Darstellung zwischen dem Auszug aus Ägypten und der Landnahme liegt. Sie spiegelt möglicherweise die Erinnerung an Israels vorstaatliche Zeit wider, in der die einzelnen Stämme als Nomaden lebten, worauf auch der Ausdruck »umherziehender Aramäer« im ersten Geschichtssummarium hindeutet. Wohl nicht gleichzeitig, aber doch innerhalb des 12. Jahrhunderts drängten diese Nomadenstämme in das fruchtbare Gebiet entlang des Jordans, eroberten es und wurden dort sesshaft. Die Landnahme war indes noch keineswegs die Geburtsstunde des Volkes oder gar des Staates

Israel. Zunächst fanden die sesshaft gewordenen Nomadenstämme lediglich zu einer religiösen Einheit zusammen. Was sie
verband, war der Glaube an einen einzigen Gott, wodurch sie
sich vom Polytheismus* aller sie umgebenden Völker abgrenz-
ten. Erst um 1000 v.Chr. wurde der sakrale Stämme-Bund unter
König David auch zu einer politischen und staatlichen Einheit,
die allerdings nur bis zur Reichsteilung um 930 v.Chr. Bestand
hatte, als das Reich in die zwei Teilstaaten Israel im Norden mit
der Hauptstadt Samaria und Juda im Süden mit der Hauptstadt
Jerusalem zerfiel. Mit der Eroberung durch die Assyrer im Jahre
722 v.Chr. verlor das Nordreich, durch die der Babylonier im
Jahre 586 v.Chr. das Südreich seine staatliche Eigenständigkeit.
Die fünfzig Jahre dauernde Deportation der judäischen Oberschicht, die sich daran anschloss, stellte eine ebenso nieder-
schmetternde wie einschneidende Erfahrung für das judäische
Volk dar.

Von dem Land, das Gott seinem Volk gegeben hat, wird in
dem zweiten Geschichtssummarium gesagt, dass Gott es »unseren Vätern geschworen hatte«. Hinter dieser Wendung verbirgt
sich das, was als religiöser und geschichtlicher Leitgedanke das
gesamte Alte Testament wie ein roter Faden durchzieht: das
Schema von Verheißung und Erfüllung. Das gelobte Land, das
den Vätern verheißen war, konnten ihre Nachkommen in Besitz
nehmen. Damit war das Schema von Verheißung und Erfüllung
aber nicht gegenstandslos geworden, sondern erhielt eine neue
Bedeutung, da es nun galt, das Erhaltene zu bewahren. Das war
nicht nur eine politische, sondern ebenso eine religiöse Aufgabe.
Denn bewahrt werden konnte das Land nur dann, wenn man die
von Gott erlassenen Gesetze erfüllte. Damit war das Schema von
Verheißung und Erfüllung umgedreht, die Erfüllung (der Gesetze)
war nun Sache der Menschen und bildete die Voraussetzung für
das Eintreffen von Gottes Verheißung.

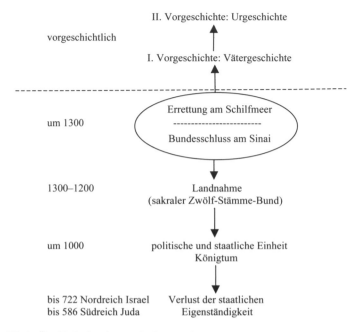

Abb. 8: Überblick über die Geschichte Israels

11. Überlieferungsgeschichte der Thora

Wie die Evangelien den Kern des Neuen Testaments, so bilden die fünf Bücher Mose, die Thora, den Kern des Alten. Die Thora stellt die Grundlage für die Beziehung zwischen Gott und seinem Volk dar. Ihre herausgehobene Stellung im Kanon* der jüdischen Bibel wird bis heute dadurch unterstrichen, dass sich am Sabbat die männlichen Mitglieder einer jüdischen Gemeinde in der Synagoge versammeln, um Abschnitte daraus zu lesen.

Überlieferungsgeschichtlich erweist sich die Thora als ein recht komplizierter Text, der aus drei zu verschiedenen Zeiten entstandenen und ursprünglich getrennt überlieferten Quellenschriften zusammengefasst worden ist.[2] Die Grundlage und den

---

2 Referiert wird hier eine Arbeitshypothese, die lange Zeit anerkannt war, neuerdings aber aus verschiedener Perspektive in Frage gestellt wird. Das vereinfachte Drei-Quellen-Schema ist in seiner Anschaulichkeit noch immer gut geeignet, die

Rahmen dieser Zusammenfassung bildet die jüngste der drei Quellen, die nahezu ungeschmälert darin eingegangen ist und in die die beiden anderen eingearbeitet worden sind, die älteste recht ausführlich, die mittlere nur in Bruchstücken. Dabei sind die drei Quellenschriften so sehr ineinander verwoben, dass manchmal an einem einzigen Satz alle drei beteiligt sein können. Für die Darstellung des Durchzugs durch das Schilfmeer (2 Mose 14) ergibt das folgendes Bild:

[21]Und Mose reckte seine Hand aus über das Meer, *und der Herr trieb das Meer die ganze Nacht über durch einen starken Ostwind zurück und legte das Meer trocken;* und die Wasser spalteten sich. [22]So gingen die Israeliten mitten im Meer auf dem Trockenen, während die Wasser ihnen zur Rechten und zur Linken wie eine Mauer standen. [23]Die Ägypter aber jagten ihnen nach und zogen hinter ihnen her, alle Rosse des Pharao, seine Streitwagen und Reiter, mitten ins Meer hinein. [24]*Und um die Zeit der Morgenwache schaute der Herr in der Feuer- und Wolkensäule auf das Heer der Ägypter und verwirrte das Heer der Ägypter;* [25]**er hemmte die Räder ihrer Wagen und ließ sie nur mühsam vorwärts kommen.** Da sprachen die Ägypter: Lasst uns vor Israel fliehen; denn der Herr streitet für sie wider Ägypten. [26]Und der Herr sprach zu Mose: Recke deine Hand aus über das Meer, dass die Wasser zurückfluten auf die Ägypter, auf ihre Wagen und ihre Reiter. [27]Und Mose reckte seine Hand aus über das Meer, *und beim Anbruch des Morgens strömte das Meer in sein Bett zurück, während die Ägypter ihm entgegenflohen, und der Herr trieb die Ägypter mitten ins Meer hinein.* [28]Die Wasser strömten zurück und bedeckten die Wagen und Reiter, die ganze Streitmacht des Pharao, die ihnen ins Meer nachgefolgt war, sodass nicht einer von ihnen am Leben blieb. [29]Die Israeliten aber waren mitten im Meer auf dem Trockenen gegangen, während die Wasser ihnen zur Rechten und zur Linken wie eine Mauer standen. [30]*So errettete der Herr an jenem Tage Israel aus der Hand der Ägypter ...* (2 Mose 14,21–30).

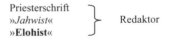

Priesterschrift
»*Jahwist*«   } Redaktor
»**Elohist**«

Abb. 9: Quellen-Theorie

Die genaue Zuordnung der Textteile zu den drei Quellenschriften, die durch den verschiedenartigen Druck kenntlich gemacht sind,

Problematik der Textgeschichte verständlich zu machen. »Jahwist« und »Elohist« sind in Anführungszeichen gesetzt, um zu verdeutlichen, dass hinter diesen Namen vermutlich kompliziertere Strukturen stehen.

ist in der Regel nur Experten möglich. Hier jedoch muss jedem aufmerksamen Leser auffallen, dass zwei Vorstellungen des Geschehens miteinander verbunden werden, die sich eigentlich ausschließen. Einmal treibt Gott das Meer durch einen Ostwind zurück, das andere Mal spaltet Mose auf Geheiß Gottes das Meer, sodass »die Wasser ihnen zur Rechten und zur Linken wie eine Wand standen«. Diesen beiden unterschiedlichen Vorstellungen lassen sich alle Verse bis auf Vers 25a zuordnen. Dieser liefert mit der Behinderung der ägyptischen Verfolger durch Gott eine zusätzliche Erklärung für die Errettung der Israeliten. Er stammt aus der nur bruchstückhaft verwendeten Quelle, lässt sich jedoch so gut mit den beiden anderen verbinden, dass seine Herkunft aus der dritten Quelle nicht ohne Weiteres erkennbar ist.

Die Verfasser der drei Quellenschriften sind ebenso wenig bekannt wie derjenige, der sie später zusammengeführt hat. Seiner im Wesentlichen redaktionellen Arbeit wegen wird er als Redaktor bezeichnet. Dem Verfasser der ältesten Quellenschrift hat man den Namen »Jahwist« gegeben, weil er den Gottesnamen Jahwe verwendet. Sein Werk besteht zum großen Teil aus von ihm gesammelten, geordneten und miteinander verbundenen Einzelgeschichten, wobei er wenig Wert auf Einheitlichkeit und eine logisch stringente Abfolge legt. Entstanden ist es am Ende des 10. oder zu Beginn des 9. Jahrhunderts v.Chr., d.h. zur Zeit Davids, als Israel auf dem Höhepunkt seiner Macht stand. Vor diesem geschichtlichen Hintergrund entwickelt das »jahwistische« Werk das religionsgeschichtliche Schema von Verheißung und Erfüllung, das sich im Reich Davids glanzvoll bestätigt findet. Ansonsten zeichnet der »Jahwist« ein eher negatives Bild vom Menschen, man denke etwa in der Urgeschichte an die Erzählungen vom Sündenfall, Kains Brudermord oder den Turmbau zu Babel, in denen sich der »Jahwist« als begnadeter Erzähler erweist. Seine Erzählweise ist ursprünglich und volkstümlich, was z.B. in der Vermenschlichung Gottes zum Ausdruck kommt.

Der Verfasser der zweiten Quellenschrift, der »Elohist«, wird ebenfalls nach dem Gottesnamen bezeichnet, den er verwendet, nämlich den Gottesnamen Elohim. Sein vom Redaktor nur bruchstückhaft verwendetes Werk datiert man um die Mitte des 8. vorchristlichen Jahrhunderts. Der »Elohist« erzählt weniger anschaulich als der »Jahwist« und seine Gottesvorstellung ist erheblich abstrakter als die des »Jahwisten«. Gott erscheint nicht mehr in menschlicher Gestalt und teilt sich den Menschen nur noch im Wort mit.

Die Werke des »Jahwisten« und »Elohisten« sind wahrscheinlich schon miteinander verbunden gewesen, als der Redaktor sie mit der dritten Quelle, der so genannten Priesterschrift vereint hat. Genau genommen müsste man also von zwei Redaktionen sprechen.

Die Priesterschrift verdankt ihren Namen ihrem besonderen Interesse an kultisch-rituellen Einrichtungen und Vorschriften. Ihren oder ihre Verfasser vermutet man deshalb innerhalb der Priesterschaft. Hinter der Betonung des Kultischen und dem Bemühen um eine ewig gültige Kultordnung tritt das Motiv der göttlichen Führung durch die Geschichte zurück. Stilistisch ist die Priesterschrift durch Sachlichkeit und Nüchternheit, durch Gelehrsamkeit und die Vorliebe für Zahlen und Namen gekennzeichnet. Da die Priesterschrift eine Vertrautheit mit der babylonischen Kultur und »Wissenschaft« erkennen lässt, ist als früheste Entstehungszeit das Exil anzusetzen; aber auch eine nachexilische Entstehung in Jerusalem ist denkbar.

12. Der Bund Gottes mit seinem Volk

Im 14. und 13. Jahrhundert v.Chr. errichteten die Hetiter ein mächtiges Reich in Kleinasien. Bei Ausgrabungen in ihrer ehemaligen Hauptstadt Hattuša fand man zahlreiche beschriftete Tontafeln, u.a. auch solche, die so genannte Vasallenverträge enthielten, die der hethitische Großkönig mit kleineren umliegenden Königreichen schloss. Darin verpflichtete er sich, den Vasallen (= Gefolgsleuten) Schutz gegen mögliche Angriffe zu gewähren. Dafür mussten die Vasallen dem Großkönig Gehorsam geloben und bestimmte Leistungen erbringen, z.B. Abgaben entrichten oder Soldaten stellen. Somit nutzte der Vertrag beiden Seiten. Die Hetiter ersparten sich eine verlustreiche Eroberung und kostspielige Besatzung, während die Kleinstaaten Schutz genossen und eine relative Selbständigkeit behielten.

Das Vertragsformular umfasst folgende vier Teile:

- Formelhafte Vorstellung des Stifters des Bundes in der Er-Form:»So spricht [Name des jeweiligen hetitischen Königs], der Großkönig, der König der Hetiter.«
- Aufzählung in der Ich-Form aller bisherigen Wohltaten des Großkönigs gegenüber dem Vasallenvolk;
- Auflistung der einzelnen Bundesbestimmungen;
- Fluchandrohungen für den Fall des Vertragsbruches und Segensverheißungen bei Einhaltung des Vertrags.

Der Bund wurde von beiden Parteien beeidigt und je ein Exemplar der Tontafeln mit der Bundesurkunde im Hauptheiligtum des Bundespartners niedergelegt. Einmal im Jahr mussten die Priester die Bundesurkunde dem am Heiligtum versammelten Vasallenvolk vorlesen und ihm das Einhalten der Bestimmungen einschärfen.

Wenn man Anlage und Inhalt dieses Vertragsformulars mit den entsprechenden Stellen im Alten Testament vergleicht, drängt sich der Verdacht auf, dass der Bundesschluss am Sinai zwischen Gott und dem Volk Israel bzw. einem seiner Stämme nach dem Muster der hetitischen Vasallenverträge gestaltet worden ist, wobei selbstverständlich Gott die Rolle des Großkönigs einnimmt und Israel die des Vasallen. Zwar folgen hier die vier Teile des Vertrages nicht unmittelbar aufeinander, lassen sich aber aus den Büchern 2 Mose bis Josua leicht zusammenstellen:

[1]Josua versammelte alle Stämme Israels nach Sichem und berief die Ältesten von Israel, seine Obersten, Richter und Amtleute. Und als sie vor Gott getreten waren, [2]sprach er zum ganzen Volk: So spricht der Herr, der Gott Israels: (Jos 24,1–2a)

[2]Ich bin der Herr, dein Gott, der ich dich aus Ägyptenland, aus der Knechtschaft, geführt habe.

[3]Du sollst keine anderen Götter haben neben mir.

[4]Du sollst dir kein Bildnis noch irgendein Gleichnis machen, weder von dem, was oben im Himmel, noch von dem, was unten auf Erden, noch von dem, was im Wasser unter der Erde ist: Bete sie nicht an und diene ihnen nicht!

[...]

[7]Du sollst den Namen des Herrn, deines Gottes, nicht missbrauchen; denn der Herr wird den nicht ungestraft lassen, der seinen Namen missbraucht.

[8]Gedenke des Sabbattages, dass du ihn heiligest. Sechs Tage sollst du arbeiten und alle deine Werke tun. Aber am siebenten Tage ist der Sabbat des Herrn, deines Gottes. [...]

[12]Du sollst deinen Vater und deine Mutter ehren, auf dass du lange lebest in dem Lande, das dir der Herr, dein Gott, geben wird.

[13]Du sollst nicht töten.

[14]Du sollst nicht ehebrechen.

[15]Du sollst nicht stehlen.

[16]Du sollst nicht falsch Zeugnis reden wider deinen Nächsten.

[17]Du sollst nicht begehren deines Nächsten Haus. Du sollst nicht begehren deines Nächsten Frau, Knecht, Magd, Rind, Esel noch alles, was dein Nächster hat. (2 Mose 20,2–17)

[1]Wenn du nun der Stimme des Herrn, deines Gottes, gehorchen wirst, dass du hältst und tust alle seine Gebote, die ich dir heute gebiete, so wird dich der Herr, dein Gott, zum höchsten über alle Völker auf Erden machen, [2]und weil du der Stimme des Herrn, deines Gottes, gehorsam gewesen bist, werden über dich kommen und dir zuteil werden alle diese Segnungen: [es folgen Segnungen]. (5 Mose 28,1–2)

[15]Wenn du aber nicht gehorchen wirst der Stimme des Herrn, deines Gottes, und wirst nicht halten und tun alle seine Gebote und Rechte, die ich dir heute gebiete, so werden alle diese Flüche über dich kommen und dich treffen: [es folgen Verfluchungen]. (5 Mose 28,15)

Diese Zusammenstellung dürfte die Vermutung bestätigen, dass die hetitischen Vasallenverträge als Vorlage für den alttestamentlichen Bundesschluss gedient haben. Die viel zitierten und dabei häufig aus ihrem Zusammenhang des Bundesschlusses gerissenen Zehn Gebote sind also nichts anderes als dessen Bundesbestimmungen. Nicht zufällig steht das Verbot, neben Jahwe noch andere Götter zu haben, an erster Stelle. Wenn oben gesagt worden ist, dass sich das Volk Israel von den es umgebenden Völkern durch seinen Monotheismus* abgrenzt, so heißt das nicht, dass dieser in Israel unumstritten gewesen wäre. Ganz im Gegenteil ist gegen kaum ein anderes Gebot so häufig verstoßen worden wie gegen das erste. Immer stand Israel in der Gefahr, den Polytheismus* seiner Nachbarn zu übernehmen. Wäre das anders gewesen, hätte es des ersten Gebots nicht bedurft. Man denke nur an den »Tanz ums goldene Kalb«, den das Volk just in dem Augenblick vollführte, als Mose vom Berg Sinai mit den zwei ihm von Gott übergebenen Steintafeln zurückkehrte, auf denen die Zehn Gebote verzeichnet waren. Auch der in der ganzen Region verbreitete Baalkult* übte immer wieder eine große Anziehungskraft auf die Israeliten aus. Das gesamte Alte Testament zeugt von dem permanenten Ringen um die Einhaltung des Monotheismus. Dieses Ringen steht als eigentliches Motiv hinter der Überlieferung des Alten Testaments. In den jeweils zwei Büchern der Könige und der Chronik werden die Könige Judas und Israels weniger an ihren politischen Taten gemessen als vielmehr an ihrer Einhaltung oder aber Missachtung des ersten Gebots.

Welche grundlegende Bedeutung der Bundesschluss am Sinai für das Selbstverständnis Israels besitzt, zeigt sich daran, dass das auf einem Bund beruhende Gottesverhältnis in die Vätergeschichte und sogar in die Urgeschichte hineingetragen wird. Gott spricht zu Abraham »Ich richte meinen Bund auf zwischen mir und dir und deinen Nachkommen« (1 Mose 17,7) und fast gleichlautend zu Noah und dessen Söhnen »Ich richte einen Bund auf mit euch und euren Nachkommen (1 Mose 9,8). Da Abraham und Noah mit ihren Nachkommen ebenso wenig für sich selbst stehen wie Mose, sondern für das gesamte Volk Israel, fragt man sich, warum der Bund zwischen Gott und seinem Volk dreimal geschlossen werden muss. Die Antwort liegt auf der Hand. Die wiederholte Erneuerung des Bundes wird notwendig, weil das Volk ihn immer wieder gebrochen hat. Genau das beklagt in späterer Zeit der Prophet Jeremia und kündigt gleichzeitig einen neuen Bund an:

[31] Siehe, es kommt die Zeit, spricht der Herr, da will ich mit dem Hause Israel und mit dem Hause Juda einen neuen Bund schließen, [32] nicht wie der Bund gewesen ist, den ich mit ihren Vätern schloss, als ich sie bei der Hand nahm, um sie aus Ägyptenland zu führen, ein Bund, den sie nicht gehalten haben, ob ich gleich ihr Herr war, spricht der Herr; (Jer 31,31–32)

Diese Ankündigung eines neuen Bundes haben die Christen als Vorausweisung auf Jesus verstanden, die sie mit seinem Kommen erfüllt sahen.

13. Die Propheten

Heute bezeichnet man als Propheten jemanden, der ein zukünftiges Geschehen oder Ereignis vorhersagt. Die Bibel versteht unter einem Propheten etwas anderes. Es wird zu klären sein, wie das Wort die heutige Bedeutung annehmen konnte.

In der Zeit zwischen der Landnahme und der Einführung des Königtums besaß der israelitische Stämmebund keine gemeinsame dauerhafte politische Führung. In Krisenzeiten, z.B. bei einem bevorstehenden Krieg, wählten je nach Lage der Dinge entweder alle oder nur einige Stämme einen Führer. Diese Führer auf Zeit hießen Richter, hatten aber nichts mit dem heute damit bezeichneten Beruf zu tun. Samuel war der letzte Richter, bevor Israel mit Saul im Jahre 1022 v.Chr. seinen ersten König erhielt.

Vergleicht man die Machtfülle der Könige im benachbarten Ägypten, der Pharaonen, mit der israelitischen Könige, so nimmt sich die der letzteren recht bescheiden aus. Ihr Reichtum und die Anzahl der ihnen zugestandenen Frauen war eng begrenzt. Während die Pharaonen nicht nur selbstherrlich bestimmten, was als Recht zu gelten hatte, sondern als Gott verehrt zu werden beanspruchten, hatten die israelitischen Könige Gott als Herrn über sich und waren an dessen Gesetze gebunden. Die Frage war nur, wie und durch wen sie zur Rechenschaft gezogen werden sollten, wenn sie sich nicht daran hielten; denn der normalen Gerichtsbarkeit waren sie auch in Israel entzogen. Aus dieser Situation heraus entstand parallel zu der Einführung des Königtums das Amt des Propheten. Ihm fiel die undankbare Aufgabe zu, dem König im Auftrage Gottes mitzuteilen, dass er gegen das göttliche Gesetz verstoßen habe. Man kann sich vorstellen, dass sich niemand zur Übernahme dieser Aufgabe drängte. Die Propheten sind deshalb zumeist gegen ihren Willen von Gott in dieses Amt berufen worden. Jeremia berichtet, wie er sich gegen diese Berufung gesträubt hat, sich ihr aber letztlich nicht hat entziehen können.

[4]Und des Herrn Wort geschah zu mir: [5]Ich kannte dich, ehe ich dich im Mutterleibe bereitete, und sonderte dich aus, ehe du von der Mutter geboren wurdest, und bestellte dich zum Propheten für die Völker. [6]Ich aber sprach: Ach, Herr Herr, ich tauge nicht zu predigen; denn ich bin zu jung. [7]Der Herr sprach aber zu mir: Sage nicht:»Ich bin zu jung«, sondern du sollst gehen, wohin ich dich sende, und predigen alles, was ich dir gebiete. [8]Fürchte dich nicht vor ihnen; denn ich bin bei dir und will dich erretten, spricht der Herr. (Jer 1,4–8)

Alle Einwände Jeremias gegen seine Berufung – das geringe Alter, die mangelnde Redegabe – werden von Gott hinweggewischt, allerdings verbunden mit der Zusage, ihm beizustehen und seinen Worten Autorität zu verleihen.

Die Geschichte der Könige Israels und nach der Reichsteilung der Israels und Judas ist eng mit der ihrer Propheten verknüpft. In der jüdischen Bibel tragen die Bücher Josua bis 2 Könige die Bezeichnung»Vordere Propheten«, was darauf hindeutet, dass in diesen Büchern die Propheten als wichtiger erachtet werden als die Könige. Anhand eines Zusammentreffens zwischen König David und dem Propheten Nathan lässt sich beispielhaft studieren, wie die Propheten ihre heikle Aufgabe erfüllten. Dazu muss kurz die Vorgeschichte dieser Begegnung erzählt werden.

David machte eine verheiratete Frau namens Batseba zu seiner Geliebten, während sich ihr Mann Uria, ein Soldat aus Davids Armee, im Krieg gegen die Ammoniter befand. Nachdem Batseba von ihm schwanger geworden war und Davids listige Versuche, ihrem Mann die Vaterschaft unterzuschieben, fehlgeschlagen waren – er hatte Uria Sonderurlaub gewährt, doch der wollte aus Solidarität mit seinen Kameraden draußen auf dem Felde statt zu Hause bei seiner Frau schlafen –, ließ er ihn auf hinterlistige Weise aus dem Wege schaffen. Er befahl seinem Feldherrn, Uria im nächsten Gefecht so einzusetzen, dass er unweigerlich fallen müsse. Davids perfider Plan ging auf, und nach Batsebas obligatorischer Trauerzeit holte David sie in seinen Palast, machte sie zu einer seiner Frauen und bekam von ihr einen Sohn. Niemand hätte David etwas anhaben können, wenn da nicht der Prophet Nathan gewesen wäre.

[1]Und der Herr sandte Nathan zu David. Als der zu ihm kam, sprach er zu ihm: Es waren zwei Männer in einer Stadt, der eine reich, der andere arm. [2]Der Reiche hatte sehr viele Schafe und Rinder; [3]aber der Arme hatte

nichts als ein einziges kleines Schäflein, das er gekauft hatte. Und er
nährte es, dass es groß wurde bei ihm zugleich mit seinen Kindern. Es aß
von seinem Bissen und trank aus seinem Becher und schlief in seinem
Schoß und er hielt's wie eine Tochter. [4]Als aber zu dem reichen Mann
ein Gast kam, brachte er's nicht über sich, von seinen Schafen und Rin-
dern zu nehmen, um dem Gast etwas zuzurichten, der zu ihm gekommen
war, sondern er nahm das Schaf des armen Mannes und richtete es dem
Mann zu, der zu ihm gekommen war. [5]Da geriet David in großen Zorn
über den Mann und sprach zu Nathan: So wahr der Herr lebt: Der Mann
ist ein Kind des Todes, der das getan hat! [6]Dazu soll er das Schaf vier-
fach bezahlen, weil er das getan und sein eigenes geschont hat. [7]Da
sprach Nathan zu David: Du bist der Mann! So spricht der Herr, der Gott
Israels: Ich habe dich zum König gesalbt über Israel und habe dich erret-
tet aus der Hand Sauls [8]und habe dir deines Herrn Haus gegeben, dazu
seine Frauen, und habe dir das Haus Israel und Juda gegeben; und ist das
zu wenig, will ich noch dies und das dazutun. [9]Warum hast du denn das
Wort des Herrn verachtet, dass du getan hast, was ihm missfiel? Uria,
den Hetiter, hast du erschlagen mit dem Schwert, seine Frau hast du dir
zur Frau genommen, ihn aber hast du umgebracht durchs Schwert der
Ammoniter. [10]Nun, so soll von deinem Hause das Schwert nimmermehr
lassen, weil du mich verachtet und die Frau Urias, des Hetiters, genommen hast, dass sie deine Frau sei. [11]So spricht der Herr: Siehe, ich will
Unheil über dich kommen lassen aus deinem eigenen Hause und will
deine Frauen nehmen vor deinen Augen und will sie deinem Nächsten
geben, dass er bei ihnen liegen soll an der lichten Sonne. [12]Denn du
hast's heimlich getan, ich aber will dies tun vor ganz Israel und im Licht
der Sonne. [13]Da sprach David zu Nathan: Ich habe gesündigt gegen den
Herrn. Nathan sprach zu David: So hat auch der Herr deine Sünde weg-
genommen; du wirst nicht sterben. [14]Aber weil du die Feinde des Herrn
durch diese Sache zum Lästern gebracht hast, wird der Sohn, der dir
geboren ist, des Todes sterben. [15]Und Nathan ging heim.
Und der Herr schlug das Kind, das Urias Frau David geboren hatte,
sodass es todkrank wurde. […] [18]Am siebenten Tage aber starb das Kind.
(2Sam 12,1–15.18)

Man stelle sich diese Szene einmal in einem anderen Königreich
jener Zeit vor: Welcher König hätte vor einem Untertan seine
Sünden gegen Gott bekannt? Und welcher Untertan hätte so zu
seinem König sprechen dürfen wie hier Nathan, ohne für Leib
und Leben fürchten zu müssen? Trotzdem fällt Nathan bei seiner
heiklen Mission wohlweislich nicht mit der Tür ins Haus. Er
beginnt seine Rede mit einem Gleichnis. Dessen unabweisbare

Evidenz, der sich niemand entziehen kann, wird David zum Verhängnis; er spricht sich selbst das Urteil. Erst danach bringt Nathan das vor, was man den Botenspruch nennt.

Fast alle Prophetensprüche haben den gleichen dreigliedrigen Aufbau. Sie beginnen stets mit der so genannten Botenformel (»So spricht der Herr.«). Die Propheten sprechen nicht in eigenem Namen, sondern verstehen sich als Sprachrohr Gottes; er ist es, der den Königen etwas zu sagen hat, nicht sie. Dann folgt die Anklage (»Uria, den Hetiter, hast du erschlagen mit dem Schwert, seine Frau hast du dir zur Frau genommen.«). Am Ende steht die Strafandrohung (»Siehe, ich will Unheil über dich kommen lassen aus deinem eigenen Hause und will deine Frauen nehmen vor deinen Augen und will sie deinem Nächsten geben […] Aber weil du die Feinde des Herrn durch diese Sache zum Lästern gebracht hast, wird der Sohn, der dir geboren ist, des Todes sterben«).

Bezeichnung	Beispiel (2 Sam 12,7–15)
Botenformel	So spricht der Herr.
Anklage	Uria hast du erschlagen, seine Frau hast du genommen.
Strafandrohung	... wird der Sohn, der dir geboren ist, des Todes sterben!

Abb. 10: Schema des Botenspruchs

Die Androhung der Strafe stellt ihren Vollzug für die Zukunft in Aussicht. Dieser Zukunftsbezug der Strafandrohung, die nichts weiter als die logische Konsequenz der Anklage darstellt, hat im heutigen Sprachgebrauch zu der Bedeutung von Prophet als Hellseher oder Wahrsager geführt.

Nathan bezichtigt David nicht irgend einer beliebigen Straftat, sondern des Verstoßes gegen das Gesetz Gottes und somit des Vertragsbruchs. Der Bund mit Gott ist der Bezugspunkt, an dem die Propheten sich orientieren. Um vorherzusehen, dass ein Vertragsbruch von dem Vertragspartner nicht einfach hingenommen wird, sondern Sanktionen zur Folge hat, bedarf es nicht besonderer Hellsichtigkeit, wohl aber Mutes – wenn man dies einem König ins Gesicht sagt. Da jedoch Gott den Bund nicht nur mit den Königen, sondern mit dem gesamten Volk geschlossen hat, konnten nicht nur sie gegen die Bundesbestimmungen verstoßen, sondern auch das Volk als Ganzes. So lag es in der Logik ihres Auftrags, wenn sich die Propheten im Laufe der Zeit nicht allein für die Könige zuständig fühlten. Mehr und mehr beklagten sie gesellschaftliche Missstände, die auf die Missachtung von Gottes Gesetzen zurückzuführen waren.

[6]So spricht der Herr: Um drei, ja um vier Frevel willen derer von Israel will ich sie nicht schonen, weil sie die Unschuldigen für Geld und die Armen für ein Paar Schuhe verkaufen. [7]Sie treten den Kopf der Armen in den Staub und drängen die Elenden vom Wege. Sohn und Vater gehen zu demselben Mädchen, um meinen heiligen Namen zu entheiligen. [8]Und bei allen Altären schlemmen sie auf den gepfändeten Kleidern und trinken Wein vom Gelde der Bestraften im Hause ihres Gottes. (Am 2,6–8)

Die Anklagen, die Amos hier erhebt, klingen erschreckend modern. Im Übrigen dürfte der wirtschaftlich erfolgreiche Vieh- und Maulbeerfeigenzüchter Amos aus Juda ebenso wenig wie Jeremia aus eigenem Antrieb das Prophetenamt übernommen haben und ins Nordreich Israel gegangen sein, um den Menschen dort das drohende Unheil zu verkünden. Über sein weiteres Schicksal nach seiner Ausweisung aus der Hauptstadt Samaria ist nichts mehr bekannt – was nichts Gutes ahnen lässt.

Indem die Propheten den Bund zwischen Gott und dem Volk Israel mit den darin enthaltenen Bundesbestimmungen zum Maßstab ihrer Verkündigung machen, folgen sie dem Schema von Verheißung und Erfüllung. Das führt dazu, dass sie in Zeiten, in denen die Israeliten weit entfernt von der Erfüllung sind, auch gelegentlich in die Rolle von Mutmachern schlüpfen können. Während sie, so könnte man sagen, in guten Zeiten auf die Erfüllung (der Gesetze) drängen und vor den Folgen der Nichterfüllung warnen, erinnern sie die Israeliten in schlechten Zeiten an Gottes Verheißung gegenüber seinem Volk, an der er trotz permanenter Vertragsbrüche festhält. So spendet etwa Jeremia nach der Katastrophe von 586 v.Chr. Jerusalem Trost:

[18]So spricht der Herr: Siehe, ich will das Geschick der Hütten Jakobs wenden und mich über seine Wohnungen erbarmen, und die Stadt soll wieder auf ihre Hügel gebaut werden, und die Burg soll stehen an ihrem rechten Platz. [19]Und es soll aus ihr erschallen Lob- und Freudengesang; (Jer 30,18–19a)

14. Die Bibel – Gotteswort oder Menschenwort?

Man bezeichnet die Bibel häufig als »Gottes Wort« und will damit zum Ausdruck bringen, dass sie sich nicht nur von allem menschlichen Reden unterscheidet, sondern eigentlich nicht menschlichen Ursprungs ist. Diese Vorstellung hat ihre extreme Ausprägung in der Lehre von der »Verbalinspiration« erhalten, wonach der Wortlaut aller biblischen Texte deren Verfassern gleichsam von Gott in die Feder diktiert worden ist. Ähnlich erklären sich die Muslime die Entstehung des Korans. Die gesicherten Erkenntnisse sowohl über den Entstehungsprozess der einzelnen biblischen Schriften als auch über die Bildung des biblischen Kanons* lassen jedoch keinen Raum für eine derartige Vorstellung, an der heute nur noch Fundamentalisten* festhalten. Die Bibel ist ohne Zweifel Menschenwort. Und sie bleibt es auch dann, falls tatsächlich Gott aus diesen Texten spricht. Denn wie sollte Gott anders zu den Menschen verständlich sprechen als in deren Sprache?

Die Entmystifizierung der Bibel bedeutet jedoch keineswegs, dass es sich bei ihr um ein Buch wie jedes andere handelt. Ihre Besonderheit zeigt sich bereits daran, dass Menschen über einen Zeitraum von Jahrtausenden immer wieder und auch heute noch von ihren Texten angesprochen werden. Bezeichnet man die Bibel als »Wort Gottes«, kann damit nur gemeint sein, dass in den von Menschen verfassten Texten gleichwohl Gott zur Sprache kommt – nicht indem dort von oder über ihn gesprochen wird, sondern indem er sich in diesen Texten den Menschen erschließt. Solch eine göttliche Selbsterschließung bezeichnet die Religion als Offenbarung. Die Bibel offenbart nicht irgendetwas von Gott, nicht irgendein göttliches Geheimnis, das nur einem kleinen Kreis Auserwählter zugänglich wäre. Vielmehr offenbart Gott sich selbst in der Bibel, und zwar auf zweifache Weise:

Zum einen legen die biblischen Texte Zeugnis ab von einem Offenbarungsgeschehen. In diesem Fall ist der schriftlichen Aufzeichnung ein Geschehen vorausgegangen, das die nachträgliche Reflexion als Offenbarung interpretiert. Im Alten Testament bezieht sich die Offenbarungsinterpretation vor allem auf die Geschichte Gottes mit seinem Volk Israel, im Neuen Testament auf die Person Jesu.

Die Offenbarung kann sich aber auch im Wort selbst ereignen, das dann nicht wie im ersten Fall Träger einer bestimmten Mitteilung, sondern selbst die Botschaft ist, wie zuweilen der Weg das Ziel sein kann. Dass es sich hier nicht um eine Mystifizierung der Sprache handelt, zeigt ein Vergleich mit lyrischen Texten, in denen uns die Sprache auf ähnliche Weise begegnet. Auch dort ist sie nicht die verbale Abbildung von außersprachlich Gegebenem, auch dort gibt sie weitgehend ihre Mitteilungsfunktion auf. Dadurch geht die für den alltäglichen Sprachgebrauch konstitutive Zuordnung von sprachlichem Zeichen und bezeichneter Sache verloren und die Sprache fordert den Leser zu einer Sinnbildung heraus, die nicht auf den gewohnten Bedeutungszusammenhang der Wörter zurückgreifen kann. Diese Offenheit des Sinnhorizontes, die ein entdeckendes und wiederholtes Lesen verlangt und dabei zu immer neuen Sinnbildungen anregt, teilen lyrische mit biblischen Texten.

Es lassen sich also in Hinblick auf den Offenbarungscharakter der Bibel zwei Arten des Lesens unterscheiden. Geht es bei der ersten um das Lesen eines als Offenbarung interpretierten Geschehens, so bei der zweiten um interpretierendes Lesen, das als Offenbarung erfahren werden kann, aber nicht muss. Wie manche lyrische Texte einem dunkel und verschlossen bleiben, so kann es einem auch mit biblischen ergehen.

Sowohl der als Interpretation mitgeteilten als auch der interpretierend erfahrenen göttlichen Offenbarung korrespondiert das menschliche Bekenntnis – bei den Juden als »geschichtliches Credo«, bei den Christen als Bekenntnis zu Jesus als »Sohn Gottes«. Da diese Bekenntnisse Glaubensaussagen sind, bleibt mithin jede Form der Offenbarung an den Glauben gebunden, aber nicht in der Weise, dass beide in eine zeitliche Abfolge oder kausale Beziehung zu bringen wären. Weder geht die Offenbarung dem Glauben voran oder begründet ihn noch setzt sie ihn voraus. Offenbarung und Glaube fallen vielmehr in eins zusammen, sind zwei Seiten ein und derselben Sache.

Als Ergebnis bleibt festzuhalten: Die Frage, ob die Bibel Gottes- oder Menschenwort ist, stellt eine falsche Alternative zur Entscheidung.

Jesus – Garant des Glaubens

1. Unterschiedliche Jesusbilder

Wer war Jesus? Diese Frage beschäftigt die Menschen seit nunmehr fast zweitausend Jahren, auch solche, die keine Christen sind. Denn die Gestalt Jesu übt auch auf Nicht-Christen eine starke Faszination aus und genießt über alle ideologischen und religiösen Grenzen hinweg große Achtung, bei Gandhi nicht weniger als bei Mohammed. Humanisten sehen in Jesus ein Vorbild menschlicher Vollkommenheit, Marxisten einen Sozialrevolutionär. Andere halten ihn, in Übereinstimmung mit den römischen Behörden, die Jesus zum Tod am Kreuz verurteilt haben, für einen (gescheiterten) politischen Aufrührer, wieder andere für einen Aussteiger aus der bürgerlichen Gesellschaft seiner Zeit. Viele Juden schätzen Jesus heute als Rabbi oder als Propheten; als einen solchen hat ihn auch Mohammed anerkannt, freilich nur als einen seiner Vorläufer. Die Christen schließlich bekennen Jesus als Christus (= Gesalbten = Messias*) und Sohn Gottes, womit natürlich keine biologische Beziehung zum Ausdruck gebracht werden soll, wie u. a. Mohammed irrtümlich angenommen hat.

Aber auch das christliche Jesusbild hat zu verschiedenen Zeiten recht unterschiedlich ausgesehen. Während sich das Altertum Jesus sehr wohl als Gott vorstellen konnte, nur schwer dagegen als Menschen, ist es heute eher umgekehrt. Jesusdarstellungen in der Kunst verschiedener Jahrhunderte machen anschaulich, in welchem Maße der eine Epoche beherrschende Zeitgeist das Jesusbild bestimmt. Dabei kommt der bildenden Kunst zugute, dass niemand wirklich weiß, wie Jesus ausgesehen hat. Die Abbildungen 11a–e geben Beispiele:

In dem frühmittelalterlichen Mosaik aus dem 6. Jahrhundert (Abb. 11a) trägt Jesus eine Ritterrüstung und das Kreuz als Schwert über der Schulter. In Siegerpose steht er auf den be-

zwungenen Tieren, einem Löwen und einer Schlange. Diese
bildliche Darstellung findet in der althochdeutschen »Heliand«
Dichtung (um 830) ihre literarische Entsprechung. Die Verserzählung des Lebens Jesu präsentiert ihn als Gefolgsherren und
ritterlichen Helden. – Der Kupferstich aus dem Jahre 1774
(Abb. 11b) diente als Titelblatt eines Buches über die drei letzten
Lebensjahre Jesu. Er verkörpert hier das ideale Menschenbild
der Aufklärung. Der Lichtkranz, der den Kopf umgibt, repräsentiert einerseits als traditioneller Heiligenschein die Göttlichkeit
Jesu, andererseits die epochenspezifische Erleuchtung des Menschen; das Licht war die Leitmetapher der Aufklärung, nach der
sie in Frankereich und England ihren Namen erhalten hat: le
siècle des lumières bzw. Age of Enlightenment.

*Abb. 11a: Mosaik (6. Jh.) in der Vorhalle der erzbischöflichen Kapelle in Ravenna
Abb. 11b: Fritzsch: Der Heiland. Titelkupfer des Buches: J.J. Hesse, Geschichte der
drey letzten Lebensjahre Jesu, Güstrow 1774*

*Abb. 11c: keine Angaben; Abb. 11d: Otto Pankok, Christus zerbricht das Gewehr
(1950); Abb. 11e: Angelo Da Fonseca, Last supper (Ausschnitt, 1975), India Masao
Takenaka*

Die durch die sozialen Umbrüche bewirkte Verunsicherung der Menschen im 19. Jahrhundert wird in einer idyllischen Jesusdarstellung religiös kompensiert (Abb. 11c). Der sanft dreinblickende Jesus ist der gute Hirte, der sich liebevoll um seine Schäfchen kümmert. – Wohl unter dem Eindruck des zweiten Weltkriegs ist der Holzschnitt von Otto Pankok entstanden (Abb. 11d), auf dem Jesus seine Friedenspredigt in der Weise in die Tat umsetzt, dass er ein Gewehr über seinem Knie zerbricht. Diese brachiale Geste kann freilich einen bitteren Beigeschmack hinterlassen. – Die indische Darstellung (Abb. 11e) zeigt eine Figur mit typischem Jesuskopf in typischer Buddhapose; mühelos verbindet sie beide Religionsstifter in einer Gestalt.

Wie ist es möglich, so fragt man sich, dass Jesus auf so unterschiedliche Weise verstanden werden kann? Es ist ja kaum vorstellbar, dass alle diese z.T. gegensätzlichen Interpretationen durch die historische Gestalt abgedeckt sind und Jesus ebenso für den gewaltlosen Widerstand, wie Gandhi ihn propagiert und praktiziert hat, in Anspruch genommen werden kann wie für eine sozialpolitische Revolution, für die der lateinamerikanische Priester und Soziologe Camilo Torres in den 1960er Jahren des vorigen Jahrhunderts gelebt hat und gestorben ist. Da sich eine historisch verlässliche Biografie Jesu nicht schreiben lässt und, wie überspitzt gesagt worden ist, unser Wissen über den historischen Jesus »auf eine Postkarte geht«, können die eigenen Ideale und Vorstellungen in Jesus hineinprojiziert werden. Die verschiedenen Interpretationen Jesu sagen oft mehr über den Interpreten aus als über den Interpretierten. Dennoch ist es möglich, ein hinreichend klares Bild vom historischen Jesus zu gewinnen, um unberechtigte Inanspruchnahmen abzuwehren.

2. Die Quellenlage

Fragt man nach dem historischen Jesus, muss man für die Beantwortung dieser Frage die Perspektive des Historikers und nicht die des Gläubigen wählen, mag auch der Glaube hinter dem Interesse an dieser Frage stehen. Um sich ein Bild von einer Gestalt der Geschichte zu machen, ist der Historiker auf Quellen angewiesen. Im Falle Jesu wird er nicht gleich auf die Evangelien zurückgreifen, da sie dem Verdacht der Parteilichkeit ausgesetzt sind und daher keine objektive Darstellung gewährleisten. Er wird sich also nach außerbiblischen Quellen umsehen. Deren Anzahl ist allerdings, gemessen an der Wirkung, die Jesus hervorgerufen hat, erstaunlich gering. Insgesamt nur fünf Mal findet er bei römischen Geschichtsschreibern und bei Flavius Josephus, einem jüdischen Geschichtsschreiber in römischen Diensten, eine knappe Erwähnung. Daraus lässt sich lediglich entnehmen, dass Jesus zur Zeit des Kaisers Tiberius von dem Prokurator Pontius Pilatus gekreuzigt worden ist, dass seine Anhänger auch nach seinem Tod nicht von ihm abgefallen sind und dass er einen Bruder namens Jakobus gehabt hat, der auf Betreiben des Hohenpriesters Ananus während einer Vakanz der römischen Prokuratur gesteinigt worden ist. Das ist, zugegeben, nicht viel, belegt aber immerhin die Historizität Jesu, die gelegentlich bestritten worden ist. Als unbezweifelbare historische Fakten müssen weiterhin Jesu Kreuzestod und die Existenz eines Bruders gelten.

Wer sich damit nicht begnügen will, dem bleibt trotz aller Bedenken nichts anderes übrig, als sich an die Evangelien zu halten. Dabei ergibt sich freilich ein methodisches Problem. Im vorigen Kapitel ist dargelegt worden, dass und warum die Evangelien nicht als Biografien Jesu verstanden werden können und nicht verstanden werden wollen, sondern dass ihre Verfasser mit jeder Perikope ein Glaubensbekenntnis zu Jesus ablegen.

Da die Perikopen jedoch anhand von Begebenheiten aus Jesu Leben erzählt werden, ist in sie sehr wohl historisches Material eingegangen. Dessen Überlieferung freilich hat von Anfang an eine Überformung durch den Glauben erfahren, die bei einigen Perikopen noch recht genau nachvollzogen werden kann (vgl. die Analysen S. 28ff.). Für die Mehrzahl der Perikopen ist nicht mit letzter Sicherheit zu entscheiden, ob es sich bei ihnen um authentische Jesuszeugnisse, um deren Überarbeitung oder um spätere Bildungen durch die Gemeinde handelt. Immerhin lassen sich drei methodische Prinzipien aufstellen, deren Anwendung zu relativ gesicherten Ergebnissen führt.

- Bei den Erzählungen über Jesus muss mit mehr Überformungen und Neubildungen gerechnet werden als bei den

Aussprüchen und Gleichnissen. Für deren authentische Weitergabe spricht der Respekt vor den Worten Jesu, der allerdings nicht grenzenlos war. Gelegentlich können Jesus auch nachträglich Worte in den Mund gelegt werden.

- Die Wahrscheinlichkeit, authentische Überlieferung vor sich zu haben, ist bei den Perikopen besonders groß, deren Entstehung *nicht aus der Situation des Urchristentums* abgeleitet werden kann.
- Jede Perikope ist darauf hin zu überprüfen, ob sie in das *Gesamtbild* passt, das die Evangelien von Jesus überliefern.

Bei dem dritten Prinzip besteht allerdings noch ein spezielles methodisches Problem. Einerseits soll das Gesamtbild als Maßstab für die Bewertung der einzelnen Perikopen dienen. Andererseits kann das Gesamtbild nur aus der Summe aller Perikopen gewonnen werden. Damit scheint sich die Katze in den Schwanz zu beißen. Wissenschaftlich ausgedrückt haben wir es hier mit dem so genannten »hermeneutischen Zirkel« zu tun, dem niemand entrinnen kann, der sich um das Verstehen eines Textes bemüht. Voraussetzung für dessen Verständnis ist die Kenntnis der Bedeutung jedes seiner Wörter. Diese ergibt sich aber häufig erst aus dem Gesamtverständnis des Textes. Ob z.B. mit dem Wort »Bank« eine Sitzgelegenheit gemeint ist oder ein Geldinstitut, erschließt sich erst aus dem Textzusammenhang. Auf diese Weise stützt sich das Gesamtbild vom historischen Jesus auf die einzelnen Perikopen, die Beurteilung von deren historischer Zuverlässigkeit wiederum auf das Gesamtbild. Beides bedingt sich gegenseitig und so entsteht ein Kreis(lauf), der weder Anfang noch Ende kennt und damit auch keine zeitliche Reihenfolge.

Die drei methodischen Prinzipien sollen beispielhaft auf einen Vers im Matthäusevangelium angewendet werden, der für das Verständnis Jesu als eines politischen Revolutionärs eine zentrale Rolle spielt.

[34]Ihr sollt nicht meinen, dass ich gekommen bin, Frieden zu bringen auf die Erde. Ich bin nicht gekommen, Frieden zu bringen, sondern das Schwert. (Mt 10,34)

Der Vers gibt sich als Ausspruch Jesu, was für seine Authentizität zu sprechen scheint. Tatsächlich jedoch steht er im Widerspruch zu der gesamten übrigen Verkündigung Jesu, die zum Verzicht auf gewaltsamen Widerstand und sogar zur Feindesliebe aufruft. So weist Jesus etwa bei seiner Festnahme einen seiner Begleiter, der einem Knecht des Hohenpriesters mit dem Schwert ein Ohr abschlägt, mit den Worten zurecht: »Denn wer das Schwert nimmt, der soll durchs Schwert umkommen« (Mt 26,52). Eher als zum historischen Jesus passt der obige Vers zur Situation des Urchristentums, das unter blutiger Verfolgung zunächst durch die Juden und dann durch die Römer zu leiden hatte, für das Jesus somit tatsächlich das Schwert gebracht hat. Dieses Schicksal war für die Betroffenen leichter in dem Bewusstsein zu ertragen, dass Jesus selbst es ihnen bestimmt hat. Obwohl es sich bei dem Vers nicht um einen Erzähl-, sondern um einen Redetext handelt, spricht also wenig für ein authentisches Jesuswort, sehr viel dagegen für eine spätere Gemeindebildung.

3. Die historische Fakten

Mit Hilfe der soeben beschriebenen Methoden lassen sich über die spärlichen Auskünfte der außerbiblischen Quellen hinaus aus den Evangelien Aussagen über Jesus entnehmen, von denen einige als historisch gesichert, andere zumindest als wahrscheinlich gelten dürfen.

Jesus ist um das Jahr sieben vor unserer Zeitrechnung in Nazareth geboren worden. Sein Vater übte den Beruf eines Zimmermanns aus, dem möglicherweise auch Jesus eine Zeitlang nachgegangen ist. Er hatte mehrere Geschwister, von denen ein Bruder namentlich bekannt ist. Bevor Jesus seine Tätigkeit als Wanderprediger aufnahm, hatte er Kontakt zu der Bußbewegung Johannes des Täufers. Da Johannes vermutlich zumindest zeitweise in Beziehung zu der in klosterartiger Gemeinschaft lebenden jüdischen Sekte von Qumran* am Rande des Toten Meeres stand, wird auch Jesus mit dieser Sekte in Verbindung gebracht. Vor allem nach den spektakulären Funden zahlreicher Schriftrollen in Berghöhlen oberhalb Qumrans im Jahre 1947 wurde heftig darüber spekuliert, inwieweit diese Funde das von den Evangelien gezeichnete Bild Jesu verändern könnten. Die Publikation der Schriftrollen, unter denen sich auch einige der ältesten bis heute bekannten Handschriften alttestamentlicher Texte befinden, hat sich aufgrund wissenschaftlicher Eifersüchteleien unnötig lange hingezogen. Diese Verzögerung hat wilden Verschwörungstheorien Vorschub geleistet, denen zufolge Teile der Funde auf Betreiben des Vatikans geheim gehalten würden. Diese künstliche Mystifizierung hat zwar einige wenig seriöse Bestseller hervorgebracht[3], ansonsten aber haben die jedem Wissenschaftler vollständig und uneingeschränkt zugänglichen Schriftrollen zu keinen neuen Erkenntnissen über Jesus geführt.

Kehrt man zu den nüchternen Fakten zurück, so lässt sich mit Bestimmtheit sagen, dass Jesus sich von Johannes hat taufen lassen. Danach jedoch trennten sich ihre Wege. Während Johannes weiterhin draußen in der Wüste predigte, ging Jesus zurück zu den Menschen. Sein Hauptwirkungsgebiet lag in seiner Heimat Galiläa. Dort scharte er eine Anhängerschaft um sich, deren Größe nicht bekannt ist, die aber aus mehr als den in den Evangelien genannten zwölf Jüngern bestanden haben dürfte. Die Tatsache, dass ihm Menschen nachfolgten, spricht für Jesu Charisma, das ihn auch dazu befähigte, psychisch Kranken zu helfen. Seine Predigt, bei der er gern in Gleichnissen sprach, wandte sich an das einfache Volk und die Deklassierten der damaligen religiösen Leistungsgesellschaft Israels, das heißt auch an die Frauen, zu denen er ein für seine Zeit erstaunlich unverkrampftes Verhältnis hatte. Es ist durchaus denkbar, dass sich Frauen unter seiner Gefolgschaft befunden haben. Die ihm gelegentlich angedichtete sexuelle Beziehung zu Maria Magdalena beruht hingegen auf reiner Spekulation.

Mit seinem Wirken zog Jesus den Unmut der herrschenden gesellschaftlichen und religiösen Klasse Israels auf sich, vor allem den der Sadduzäer* und der Pharisäer*. Als er nach Jerusalem ging, um dort die Auseinandersetzung mit ihnen zu suchen, musste ihm klar sein, dass er sich in Lebensgefahr begab. So wurde er denn auch auf ihr Betreiben durch den römischen Prokurator Pontius Pilatus zum Tod am Kreuz verurteilt. Die Kreuzigung verhängten die Römer als Strafe für politische

---

3 Vor allem zu nennen ist hier das Buch von Michael Baignet und Richard Leigh, Verschlusssache Jesus. Die Qumranrollen und die Wahrheit über das frühe Christentum, München 1991.

Verbrechen. Das lässt darauf schließen, dass die offizielle Anklage auf politischen Aufruhr lautete.

Von allen Titeln – Herr, Messias*, Sohn Gottes, Menschensohn –, die die Evangelien Jesus beilegen, hat er selbst wohl keinen auf sich bezogen oder für sich in Anspruch genommen. In ihnen drückt sich das nachösterliche Bekenntnis aus. Gleichwohl darf man Jesus ein starkes Sendungsbewusstsein unterstellen. Er war davon überzeugt, dass es von der Einstellung der Menschen ihm gegenüber abhing, wer in das Reich Gottes eingehen würde, dessen Kommen man in naher Zukunft erwartete.

Stellt man den Fakten und Wahrscheinlichkeiten all das gegenüber, was wir von Jesus *nicht* wissen, zeigt sich, wie vergleichsweise gering unsere Kenntnisse sind. Über sein Leben vor seiner öffentlichen Wirksamkeit wissen wir so gut wie gar nichts. Wir wissen nichts über seine Bildung, ob er z.B. außer dem Aramäischen, seinem heimatlichen hebräischen Dialekt, die Amtssprache Griechisch beherrschte. Wir wissen nichts über seinen Charakter, sein Aussehen und seine körperlichen Eigenschaften, nichts über sein Privat- und Sexualleben. Wir wissen nicht einmal, ob Jesus verheiratet war, auch wenn wir ihn uns als Ehemann nicht recht vorstellen können. Die Liste unseres Nichtwissens ließe sich beliebig verlängern. Allerdings darf man fragen, ob uns das beunruhigen muss. Denn offensichtlich zeigen die Evangelien an all diesen Dingen wenig Interesse. Warum sollten sie dann heutigen Christen wichtig sein, warum sollten sich diese nicht an das halten, woran den Evangelien allein gelegen ist: an das, was Jesus zu sagen hatte, an seine Verkündigung?

4. Die Verkündigung Jesu

Markus fasst in dem ersten Satz, den er Jesus in den Mund legt, dessen Verkündigung prägnant zusammen: »Die Zeit ist erfüllt und das Reich Gottes ist herbeigekommen. Tut Buße und glaubt an das Evangelium!« (Mk 1,15) Auch die ersten drei Bitten des in der Matthäusfassung bekannten Vaterunser, das Jesus seine Jünger beten lehrt, enthalten den Kern seiner Verkündigung:

[9]Darum sollt ihr so beten:
Unser Vater im Himmel!
Dein Name werde geheiligt.
[10]Dein Reich komme.
Dein Wille geschehe
wie im Himmel so auf Erden.
(Mt 6,9–10)

Jesu Verkündigung kreist um zwei Komplexe: das Reich Gottes und den Willen Gottes, der in seiner Bußpredigt zum Ausdruck kommt. Umschlossen werden beide Komplexe von der Heilszusage des Evangeliums (= der frohen Botschaft).

4.1 Das Reich Gottes

Jesus teilt mit seinen Zeitgenossen die Naherwartung der Gottesherrschaft, die Überzeugung ihres unmittelbar bevorstehenden Anbruchs. Die synoptischen Evangelien verwenden statt des im Judentum gebräuchlichen Begriffs der Gottesherrschaft das Synonym »Reich Gottes«, das allerdings die Gefahr der irreführenden Assoziation mit einem geografisch bestimmbaren Raum birgt. Der von Matthäus bevorzugte Begriff »Himmelreich« hat bei gleicher Bedeutung den Vorteil, auf das Transzendente, das Jenseitige, des Reiches hinzuweisen. Denn als ein irdisches Reich, in dem Gott wie ein König herrscht, hat man sich das Reich Gottes nicht vorzustellen. Überhaupt fällt es ähnlich wie beim buddhistischen Nirwana leichter auszuschließen, was es alles nicht ist, als zu bestimmen, was es ist. Auch in der Fachliteratur findet man dazu kaum klare Aussagen.[4]

Wenngleich man davon ausgehen muss, dass sich Jesu Vorstellung von der Gottesherrschaft weitgehend mit der seiner jüdischen Zeitgenossen deckt, lässt seine Reich-Gottes-Verkün-

---

4 Als Beispiel sei Hans Conzelmann zitiert: »Letztlich meint ›Reich Gottes‹ nicht einen analysierbaren, metaphysischen Tatbestand, sondern besagt, daß der Mensch Gott vor sich hat, daß Gott ihm nicht gegenständlich, auch nicht als Idee, gegeben ist. Daß Gott kommt, schließt nicht aus, sondern ein, daß er jetzt Gott ist. Eben dies wird durch die Ansage seines Kommens konsequent zu Ende gedacht. Seines Kommens kann man gerade darum gewiß sein, weil er der Herrscher bereits ist.« Grundriss der Theologie des neuen Testaments, München [2]1968, S. 128.

digung einige aufschlussreiche Abweichungen erkennen. Zwar stellt auch für ihn die Gottesherrschaft eine eschatologische (= endzeitliche) Erwartung dar, doch beteiligt er sich nicht an den damals beliebten Spekulationen über das Wann und Wie ihres Anbruchs. Allen apokalyptischen Berechnungen und Ausmalungen erteilt er eine Absage.

[20]Als er aber von den Pharisäern gefragt wurde: Wann kommt das Reich Gottes?, antwortete er ihnen und sprach: Das Reich Gottes kommt nicht so, dass man's beobachten kann; [21]man wird auch nicht sagen: Siehe, hier ist es!, oder: Da ist es! Denn siehe, das Reich Gottes ist mitten unter euch. (Lk 17,20–21)

Dafür knüpft Jesus selbstbewusst das Kommen des Reiches an sein eigenes Wirken: »Wenn ich aber durch Gottes Finger die bösen Geister austreibe, so ist ja das Reich Gottes zu euch gekommen.« (Lk 11,20) Jesus spricht in den beiden Zitaten aus dem Lukasevangelium entgegen der Konvention von dem Reich Gottes als einem bereits gegenwärtigen, da er es in seiner Person und in seiner Verkündigung präsent sieht. Dem stehen allerdings in demselben Evangelium andere Aussprüche Jesu gegenüber, in denen er das Kommen des Reiches Gottes für die nahe Zukunft ankündigt, z.B. Lk 9,27: »Einige von denen, die hier stehen, werden den Tod nicht schmecken, bis sie das Reich Gottes sehen.«

Man hat das Schwanken zwischen dem mal als bereits gegenwärtig, mal als noch ausstehend verkündeten Reich Gottes, das sich auch bei den anderen Synoptikern findet, auf unterschiedliche Weise zu erklären versucht, etwa so, dass man in Jesu Gegenwart den Beginn des Reiches Gottes gekommen sieht und in der Zukunft seine Vollendung erwartet, oder dass der Mensch innerlich schon jetzt vom Reich Gottes ergriffen sein könne, während es äußerlich erst zukünftig offenbar werde, dass es gegenwärtig unsichtbar existiere und zukünftig für jedermann sichtbar werde. Alle Lösungsversuche dieser Art bleiben jedoch unbefriedigend, da sie den Widerspruch nicht wirklich aufheben. Das kann auch nicht gelingen, solange man in dem Verständnis von Gegenwart und Zukunft als zeitlichen Kategorien verharrt. Rudolf Bultmann* hat sie in existenzielle Kategorien zu überführen versucht.

Das Ereignis des Kommens der Gottesherrschaft ist [...] nicht eigentlich ein Ereignis im Ablauf der Zeit, das einmal kommt, zu dem man allenfalls Stellung nehmen kann und zu dem man sich auch neutral stellen kann. Sondern ehe man Stellung nimmt, ist man bereits gezeichnet, und nur darum kann es sich handeln, daß der Mensch dies als sein eigentliches Wesen erfasse, in der Entscheidung zu stehen. Weil Jesus den Menschen so sieht als den in der Entscheidung vor Gottes Handeln Stehenden, deshalb wird begreiflich, daß in ihm jene jüdische Hoffnung in der sicheren Gewißheit auftritt, daß jetzt die Stunde des Hereinbrechens der Gottesherrschaft gekommen ist. Steht der Mensch in der Entscheidung und charakterisiert ihn eben dies wesentlich als Menschen, so ist ja immer letzte Stunde, und es ist begreiflich, daß für Jesus die ganze zeitgeschichtliche Mythologie in den Dienst dieser Erfassung der menschlichen Existenz trat und er in ihrem Lichte seine Stunde als die letzte erfaßte und verkündigte.

Aus: Rudolf Bultmann, Jesus, (Siebenstern-Taschenbuch 17), München [2]1965, S. 38f. (Erstveröffentlichung 1926)

Jesus zwingt die Menschen zur Entscheidung gegenüber seiner Botschaft, heute so gut wie damals. Es gibt ihr gegenüber nur ein Entweder-Oder, denn »Wer nicht mit mir ist, der ist gegen mich« (Lk 11,23). Das heißt:

Wer mich bekennt vor den Menschen, den wird auch der Menschensohn bekennen vor den Engeln Gottes. [9]Wer mich aber verleugnet vor den Menschen, der wird verleugnet werden vor den Engeln Gottes. (Lk 12,8–9)

Die Gegenwart entscheidet über die Zukunft, was beide untrennbar miteinander verbindet. Auch wenn man den Titel »Menschensohn« nicht als Selbstbezeichnung Jesu versteht, macht Jesus unmissverständlich deutlich, dass die Einstellung zu ihm über die Teilhabe am Reich Gottes entscheidet. Von den Menschen verlangt er nicht mehr und nichts anderes, als seine Botschaft anzunehmen – anderes können sie ohnehin nicht tun. Das Heraufführen des Reiches ist allein Gottes Sache, auf die der Mensch keinen Einfluss nehmen kann. Damit wendet sich Jesus ebenso gegen die Pharisäer* wie gegen die Zeloten*. Letztere glaubten, das Reich Gottes dadurch herbeizwingen zu können, dass sie den Römern eine Art Partisanenkrieg lieferten. Die Juden waren davon überzeugt, dass mit dem Kommen des Gottesreiches die römische Fremdherrschaft ein Ende finden werde. Dies könne man beschleunigen, so meinten die Zeloten, indem man die Bekämp-

fung der Römer in die eigene Hand nehme. Wie Jesus überdies
zum Einsatz von Waffengewalt stand, ist bereits dargelegt worden.

Die Pharisäer meinten mit ihrer peinlich korrekten Einhaltung
aller Gesetzesvorschriften Gott gleichsam unter Zugzwang setzen
zu können, sodass ihm gar nichts anderes übrig bleibe, als sein
Reich heraufzuführen. Ihr religiöses Überlegenheitsgefühl und
ihre Selbstgerechtigkeit wird ihnen in Jesu Augen zum Verhängnis. Das veranschaulicht eine Beispielgeschichte, in der Jesus das
Gebet eines Pharisäers dem eines Zöllners*, Vertreter eines besonders verachteten Berufs, gegenüberstellt (Lk 18,9–14). Der
Pharisäer betet:»Ich danke dir, Gott, dass ich nicht bin wie die
andern Leute, Räuber, Betrüger, Ehebrecher oder auch wie dieser Zöllner. Ich faste zweimal in der Woche und ich gebe den
Zehnten von allem, was ich einnehme.« Dem hat der Zöllner nur
die Bitte entgegenzusetzen:»Gott, sei mir Sünder gnädig!«. Dann
Jesu Pointe:»Ich sage euch: Dieser ging gerechtfertigt hinab in
sein Haus, nicht jener.« Sich als Sünder auf die vergebende
Gnade Gottes angewiesen wissen und sie annehmen – mehr
bedarf es nicht. Offenbar aber fällt es Erwachsenen nicht leicht,
sich wie ein Kind beschenken zu lassen, das nicht danach fragt,
ob es das Geschenk verdient hat oder nicht, sondern es ohne
Umstände in Empfang nimmt:»Wahrlich, ich sage euch: Wer
das Reich Gottes nicht empfängt wie ein Kind, der wird nicht
hineinkommen.« (Mk 10,15)

4.2 Der Wille Gottes

In das Reich Gottes eingehen bedeutet, des ewigen Lebens teilhaftig zu werden. Als Jesus von jemandem gefragt wird, was er
tun müsse, um das ewige Leben zu ererben, verweist Jesus den
Frager auf die Zehn Gebote (Mk 10,17–19). Für Jesus nicht
anders als für seine jüdischen Zeitgenossen drückt sich der Wille
Gottes in dessen Gesetzen aus. Jesus bestätigt jedoch nicht nur
die Geltung der Gesetze, in den so genannten Antithesen der
Bergpredigt* verschärft er sie sogar:

[21]Ihr habt gehört, dass zu den Alten gesagt ist:»Du sollst nicht töten«;
wer aber tötet, der soll des Gerichts schuldig sein. [22]Ich aber sage euch:
Wer mit seinem Bruder zürnt, der ist des Gerichts schuldig;

[27]Ihr habt gehört, dass gesagt ist:»Du sollst nicht ehebrechen.«[28]Ich aber sage euch: Wer eine Frau ansieht, sie zu begehren, der hat schon mit ihr die Ehe gebrochen in seinem Herzen.

[33]Ihr habt weiter gehört, dass zu den Alten gesagt ist:»Du sollst keinen falschen Eid schwören und sollst dem Herrn deinen Eid halten.«[34]Ich aber sage euch, dass ihr überhaupt nicht schwören sollt, weder bei dem Himmel, denn er ist Gottes Thron;[35]noch bei der Erde, denn sie ist der Schemel seiner Füße; noch bei Jerusalem, denn sie ist die Stadt des großen Königs.

[38]Ihr habt gehört, dass gesagt ist:»Auge um Auge, Zahn um Zahn.«[39]Ich aber sage euch, dass ihr nicht widerstreben sollt dem Übel, sondern: wenn dich jemand auf deine rechte Backe schlägt, dem biete die andere auch dar.[40]Und wenn jemand mit dir rechten will und dir deinen Rock nehmen, dem lass auch den Mantel.[41]Und wenn dich jemand nötigt, eine Meile mitzugehen, so geh mit ihm zwei.

[43]Ihr habt gehört, dass gesagt ist:»Du sollst deinen Nächsten lieben« und deinen Feind hassen.[44]Ich aber sage euch: Liebt eure Feinde und bittet für die, die euch verfolgen,[45]damit ihr Kinder seid eures Vaters im Himmel. (Mt 5,21–45)

Die beiden ersten Antithesen beziehen sich auf zwei der Zehn Gebote, die wörtlich zitiert werden. Auch die dritte Antithese hat noch einen deutlichen Bezug zu den Zehn Geboten, da »falsch schwören« und »falsches Zeugnis ablegen« nicht weit auseinander liegen. Beides betrifft ursprünglich das Verhalten vor Gericht. Die vierte Antithese geht zwar nicht auf die Zehn Gebote zurück, aber auf eine andere alte Rechtssatzung im Alten Testament (2 Mose 21,24; 3 Mose 24,20), die uns heute als Inbegriff der Grausamkeit erscheint, zur Zeit ihrer Entstehung jedoch mit der Begrenzung der Rache einen relativen Fortschritt darstellte. Auch die letzte Antithese zitiert mit dem Gebot der Nächstenliebe eine alttestamentliche Forderung (3 Mose 19,18).

Mit erstaunlichem Autoritätsbewusstsein erhebt sich Jesus über die ältesten Rechtssatzungen Israels, die zum Kernbestand seiner Tradition gehören. Kann er aber allen Ernstes erwarten, dass irgendein Mensch seine Forderungen zu erfüllen vermag, selbst wenn dieser guten Willens ist? Verlangt er nicht Übermenschliches? Nach Martin Luthers Verständnis will Jesus den Menschen mit seiner Verschärfung der Gesetze vor Augen führen, dass sie Gottes Anspruch niemals aus eigener Kraft gerecht

werden können und dass sie deshalb auf Gottes vergebende
Gnade angewiesen sind. Ihnen bleibt wie dem Zöllner* in der
Beispielgeschichte nichts anderes übrig, als sich sündig zu be-
kennen und um Gottes Gnade zu bitten. Der Pharisäer* unterliegt
der irrigen Annahme, vor Gott bestehen zu können, indem er ihm
Gesetzestreue als Leistung präsentiert. Er tritt Gott im wahrsten
Sinn des Wortes selbst-gerecht gegenüber. Diese Haltung lehnt
Luther als »Werkgerechtigkeit« ab und stellt ihr die Gerechtig-
keit allein aus dem Glauben an Gottes Gnade gegenüber. Das
Pochen auf die eigene religiöse Leistung, mit der man sich den
Zugang zum Reich Gottes erzwingen zu können meint, ist das,
was Jesus am Judentum seiner Zeit kritisiert. Die Erfüllung des
Gesetzes ist nicht die Voraussetzung für die Teilhabe am Reich
Gottes, sondern der Dank dafür, dass Gott sie dem Menschen
schenkt. Jesu Verkündigung des Willens Gottes ist ebenso wie
die des Reiches Gottes Heilszusage. Der Zuspruch des Heils geht
dem Anspruch des Gesetzes voraus. Deshalb stellt Matthäus in
seiner Komposition der aus vielen Einzelüberlieferungen zu-
sammengesetzten Bergpredigt* die Seligpreisungen zu Recht *vor*
die Antithesen.

Die voraussetzungslose Heilszusage darf freilich nicht dahin-
gehend missverstanden werden, als brauche man sich um die
Gesetze nicht zu scheren. Denn sie behalten natürlich als Ausdruck von Gottes Willen ihre Geltung. Ihr Anspruch bleibt bestehen. Nur wird ihre Nichterfüllung dem Menschen von Gott
nicht vorgehalten, vielmehr sieht er ihn trotz seiner Sünden als
gerecht an. Damit verliert der Mensch zwar nicht den Status des
Sünders, dieser aber trennt ihn nicht mehr von Gott. Das ist der
Kern der reformatorischen Rechtfertigungslehre. Sich dies gesagt sein zu lassen und als Geschenk anzunehmen, darin besteht
für Luther der Glaube. Der kann natürlich nicht ohne Konsequenzen für das Leben, d. h. nicht ohne Auswirkungen auf die
Lebensführung bleiben. Dass dem Menschen die Sorge um die
Rechtfertigung vor Gott von diesem selbst abgenommen wird,
verpflichtet ihn zur Dankbarkeit. Aus Dankbarkeit und nicht aus
Sorge, als Folge des ihm zugesagten Heils und nicht als dessen
Voraussetzung erfüllt er den Willen Gottes, der ihm nicht als
gestrenger Richter entgegentritt, sondern sich wie ein Vater an
seine Seite stellt. Nicht zufällig bevorzugt Jesus die Anrede

»Vater« für Gott – allerdings nicht auf seine Person bezogen (als verstünde er sich als Gottes leiblicher Sohn), sondern er spricht in Bezug auf seine Zuhörer von Gott als »eurem Vater«. Das Vater-Kind-Verhältnis ist immer wieder als Vergleich für das Verhältnis von Gott und Mensch gewählt worden. Ein Kind kann seinen Eltern entweder aus Angst vor Strafe gehorsam sein oder aber aus Dank für die ihm von den Eltern entgegenbrachte Liebe. Eltern lassen ihrem Kind (hoffentlich) nicht alles durchgehen, aber fallen lassen werden sie es (hoffentlich) nie, sondern immer zu ihm stehen, egal, was es anstellt. So wie diese Gewissheit dem Kind ein angstfreies Heranwachsen ermöglicht, macht es den um der Sorge für sein eigenes Heil enthobenen Menschen frei, sich um seinen Nächsten zu kümmern.

Das Doppelgebot der Gottes- und Nächstenliebe hat für Jesus höchste Priorität. Als er von einem Schriftgelehrten gefragt wird, welches »das erste Gebot unter allen« sei, antwortet er ihm:

Das höchste Gebot ist das:

»Höre, Israel, der Herr, unser Gott, ist der Herr allein, [30]und du sollst den Herrn, deinen Gott, lieben von ganzem Herzen, von ganzer Seele, von ganzem Gemüt und von allen deinen Kräften«.

[31]Das andre ist dies:

»Du sollst deinen Nächsten lieben wie dich selbst«.

Es ist kein anderes Gebot größer als diese. (Mk 12,29–31)

Diese Antwort Jesu erfährt die Zustimmung des Schriftgelehrten, was zeigt, dass Jesus sich hier in Einklang mit dem jüdischen Gesetzesverständnis befindet. Nicht ganz so eindeutig ist allerdings, wen ein Jude als seinen Nächsten anzusehen hat. Genau danach fragt der Gesetzeskundige im Lukasevangelium unmittelbar im Anschluss an die obige von Markus übernommene Perikope. Er erwartet zweifellos, von Jesus einen bestimmten Personenkreis genannt zu bekommen. Statt solch einer Personenliste, ja statt einer Antwort überhaupt bekommt er eine Geschichte erzählt, nämlich die nur von Lukas überlieferte Beispielerzählung vom barmherzigen Samariter (Lk 10,30–37):

Es war ein Mensch, der ging von Jerusalem hinab nach Jericho und fiel unter die Räuber; die zogen ihn aus und schlugen ihn und machten sich davon und ließen ihn halb tot liegen. [31]Es traf sich aber, dass ein Priester dieselbe Straße hinabzog; und als er ihn sah, ging er vorüber. [32]Desgleichen auch ein Levit: Als er zu der Stelle kam und ihn sah, ging er vorüber. [33]Ein Samariter aber, der auf der Reise war, kam dahin; und als er ihn sah, jammerte er ihn; [34]und er ging zu ihm, goss Öl und Wein auf seine Wunden und verband sie ihm, hob ihn auf sein Tier und brachte ihn in eine Herberge und pflegte ihn. [35]Am nächsten Tag zog er zwei Silbergroschen heraus, gab sie dem Wirt und sprach: Pflege ihn; und wenn du mehr ausgibst, will ich dir's bezahlen, wenn ich wiederkomme. [36]Wer von diesen dreien, meinst du, ist der Nächste gewesen dem, der unter die Räuber gefallen war? [37]Er [der Gesetzeskundige] sprach: Der die Barmherzigkeit an ihm tat. Da sprach Jesus zu ihm: So geh hin und tu desgleichen! (Lk 10,30–37)

Diese Geschichte wird häufig so verstanden, als wolle Jesus deutlich machen, dass alle Menschen unsere Nächsten sind. Das aber sagt die Geschichte ganz und gar nicht. Jesus beschließt sie mit einer Gegenfrage: »Welcher von diesen dreien, dünkt dich, sei der Nächste dessen gewesen, der den Räubern in die Hände gefallen war?« Und der Mann antwortet, muss wohl antworten: »Der die Barmherzigkeit an ihm tat.« Jesus weicht mit seiner Geschichte und seiner Gegenfrage keineswegs einer Antwort aus. Vielmehr macht er zum einen dadurch, dass er ein Beispiel erzählt, deutlich, dass sich die Frage nach dem Nächsten nicht generell, nicht ein für alle Mal beantworten lässt, sondern immer nur in Hinblick auf die konkrete Situation. Zum anderen dreht er die Perspektive um. Jesus fragt nicht aus der Sicht des prinzipiell Hilfswilligen, sondern aus der des Hilfsbedürftigen. Das heißt aber: Ich *habe* nicht einen Nächsten, wen auch immer ich dazu auserkoren habe, sondern ich *werde* einem zum Nächsten. Wer das ist, das kann ich mir nicht aussuchen, das steht auch nicht von vornherein fest, sondern das muss ich mir immer wieder neu von der konkreten Situation vorgeben lassen. Da, wo ich einem Hilfsbedürftigen begegne, da habe ich meinen Nächsten gefunden.

Die Vorrangstellung des Doppelgebots der Gottes- und Nächstenliebe ist unstrittig, das Verhältnis jedoch, in dem beide zueinander stehen, ist nicht so einfach zu bestimmen. Wie sich die Nächstenliebe realisieren lässt, zeigt Jesus mit dem Verhalten des Samariters. Aber worin findet die Gottesliebe ihren Ausdruck? Einen Hinweis enthält die Endzeitrede im Sondergut des

Matthäusevangeliums. Dort trennt der Menschensohn am Ende der Zeit die Völker von einander »wie der Hirt die Schafe von den Böcken scheidet«.

[34]Da wird dann der König sagen zu denen zu seiner Rechten: Kommt her, ihr Gesegneten meines Vaters, ererbt das Reich, das euch bereitet ist von Anbeginn der Welt! [35]Denn ich bin hungrig gewesen und ihr habt mir zu essen gegeben. Ich bin durstig gewesen und ihr habt mir zu trinken gegeben. Ich bin ein Fremder gewesen und ihr habt mich aufgenommen. [36]Ich bin nackt gewesen und ihr habt mich gekleidet. Ich bin krank gewesen und ihr habt mich besucht. Ich bin im Gefängnis gewesen und ihr seid zu mir gekommen. [37]Dann werden ihm die Gerechten antworten und sagen: Herr, wann haben wir dich hungrig gesehen und haben dir zu essen gegeben, oder durstig und haben dir zu trinken gegeben? [38]Wann haben wir dich als Fremden gesehen und haben dich aufgenommen, oder nackt und haben dich gekleidet? [39]Wann haben wir dich krank oder im Gefängnis gesehen und sind zu dir gekommen? [40]Und der König wird antworten und zu ihnen sagen: Wahrlich, ich sage euch: Was ihr getan habt einem von diesen meinen geringsten Brüdern, das habt ihr mir getan. (Mt 25,34–40)

Gewiss ist die Gottesliebe nicht mit der Nächstenliebe identisch. Wie aber soll sich die Gottesliebe anders realisieren als in der Begegnung mit meinen Mitmenschen? Dort, wo Nächstenliebe praktiziert wird, sieht man ihr nicht an, ob sie der Sorge um das eigene Seelenheil, der Dankbarkeit für Gottes Gnade oder reiner Humanität entspringt. Die Handlungsweise ist in jedem Fall die gleiche, doch ihre Motive unterscheiden sich.

5. Die Auferstehung Jesu

Die gesamte christliche Verkündigung hängt an der Botschaft von der Auferstehung Jesu. Doch wie glaubwürdig ist diese Überlieferung? Für den Auferstehungsvorgang selbst gibt es keine Zeugen, zumindest wird davon in keinem der vier kanonischen Evangelien etwas erwähnt. Dort finden sich vielmehr zwei Arten von Geschichten, die beide die Auferstehung nur indirekt bezeugen, zum einen die Erzählungen von der Auffindung des leeren Grabes durch Frauen aus Jesu Gefolgschaft, zum anderen die von den Erscheinungen des auferstandenen Jesu, die den Jüngern widerfahren, bei Matthäus zuvor auch den Frauen.

Die Grabesgeschichten setzen voraus, dass Jesus bestattet worden ist, was keineswegs so selbstverständlich ist, wie es uns heute erscheinen mag. Zum Kreuzestod Verurteilte hatten keinen Anspruch auf eine individuelle Bestattung, vielmehr war es üblich, dass ihre Leichen nach der Abnahme vom Kreuz auf dem Schindanger verscharrt wurden, eine für Christen gewiss schwer erträgliche Vorstellung.

Deshalb lässt Markus einen zuvor nie erwähnten Mann namens Joseph von Arimathäa auftreten. Der »wagte es und ging hinein zu Pilatus und bat um den Leichnam Jesu« (Mk 15,43). Dass es dazu besonderen Muts bedarf, bestätigt das Außergewöhnliche des Vorgangs. Damit dieser Joseph überhaupt eine Chance hat, bei Pilatus Gehör zu finden, macht Markus ihn zu einem »angesehenen Ratsherrn«. Aber welches Interesse sollte ein Ratsherr an der Bestattung Jesu gehabt haben? Markus' Erklärung, dass »der auch auf das Reich Gottes wartete«, reicht als Motiv kaum aus, denn das taten alle Juden. Diesen Mangel an Plausibilität scheint auch Lukas empfunden zu haben; deshalb macht er Joseph zu einem Abweichler, der im Hohen Rat gegen das Todesurteil für Jesus gestimmt habe (Lk 23,51). Ein überzeugendes Motiv für dessen Handlungsweise fehlt allerdings auch hier. Das liefert Matthäus, indem er Joseph zu einem Jünger Jesu macht. Da dies jedoch in Widerspruch zu dessen Ratsmitgliedschaft stehen würde, wird er bei Matthäus einfach zu »einem reichen Mann aus Arimathäa« (Mt 27,57).

Selbst wenn man alle Bedenken gegen die Berichte über Jesu Grablegung beiseite lässt, liefert die Auffindung des leeren Grabes keinen Beweis für die Auferstehung Jesu, sondern lediglich für die Tatsache, dass die Leiche verschwunden ist. Dafür kann es verschiedene Gründe geben. Dass die Jünger sie des Nachts gestohlen haben, erscheint bei Matthäus zwar nur als bösartige Verleumdung, die sich die Hohenpriester und der Ältestenrat als Erklärung für das leere Grab ausgedacht haben (Mt 28,11–13), wird damit aber immerhin als Möglichkeit in Rechnung gestellt. Zudem enthalten die Geschichten über die Auffindung des leeren Grabes jede für sich und erst recht im synoptischen Vergleich eine Reihe von Ungereimtheiten (vgl. Abb. 12).

Dass nach der Darstellung bei Markus die drei Frauen erst drei Tage nach Jesu Tod dessen Leichnam einbalsamieren wollen, erscheint reichlich spät. Deshalb lässt Matthäus die Frauen auf dieses Vorhaben verzichten und dem Grab Jesu lediglich einen Besuch abstatten. Merkwürdig ist bei Markus weiterhin, dass die drei Frauen sich erst, als sie unterwegs sind, Gedanken darüber machen, wer ihnen den Stein vom Eingang zum Grab wälzen soll. Bei Matthäus erledigt diese Arbeit ein Engel. Auf solch eine Engelsgestalt statt auf den erwarteten Leichnam Jesu treffen die Frauen bei allen drei Synoptikern. Diese Gestalt beauftragt sie, den Jüngern die Botschaft von Jesu Auferweckung zu überbringen. Doch nur bei Matthäus kommen die Frauen diesem Auftrag nach, vielleicht weil ihnen hier zusätzlich Jesus erscheint und den Auftrag bekräftigt. Bei Markus richten sie die Botschaft überhaupt nicht aus, bei Lukas kommt sie den Jüngern »vor wie leeres Gerede, und sie glaubten ihnen nicht«. Mithin kann dem leeren Grab ursprünglich keinerlei Bedeutung für die Auferstehungsverkündigung zugekommen sein. Da auch Paulus nicht mit dem leeren Grab argumentiert, muss man annehmen, dass die Erzählungen, auf denen die synoptische Überlieferung vom leeren Grab beruht, im Urchristentum noch gar nicht bekannt gewesen sind. Auf die Erscheinungsgeschichten dagegen nimmt Paulus sehr wohl Bezug. Sie stellen gegenüber den Grabesgeschichten die ältere Überlieferung dar und erklären die Entstehung jener. Denn wenn Jesus den Jüngern erschienen ist, muss er auferstanden sein, wenn er aber auferstanden ist, muss das Grab leer sein.

Mt	Mk	Lk
28,1–10	16,1–8	24,1–11
[1] Nach dem Sabbat aber, als es zum ersten Tag der Woche aufleuchtete, kamen Maria aus Magdala und die andre Maria, um das Grab, zu besehen.	[1] Und als der Sabbat vorüber war, kauften Maria aus Magdala und die Maria des Jakobus und Salome Balsam, um hinzugehen und ihn zu salben.	[1] Am ersten Tage der Woche aber kamen sie am frühen Morgen zur Gruft und brachten den Balsam, den sie bereitet hatten.
[2] Und siehe, es geschah ein großes Erdbeben; denn ein Engel des	[2] Und sehr früh am ersten Tag der Woche kamen sie zur Gruft,	[2] Da fanden sie den Stein von der Gruft weggewälzt. [3] Als sie

Herrn kam aus dem Himmel herab, trat hinzu, wälzte den Stein weg und setzte sich darauf. [3] Sein Aussehen aber war wie der Blitz und sein Kleid weiß wie der Schnee. [4] Aus Furcht vor ihm aber erbebten die Wächter und wurden wie tot.

[5] Der Engel jedoch begann und sprach zu den Frauen: Ihr sollt euch nicht fürchten; denn ich weiß, dass ihr Jesus, den Gekreuzigten, sucht. [6] Er ist nicht hier; denn er ist auferweckt worden, wie er gesagt hat. Kommet her, sehet den Ort, wo er gelegen hat;

und gehet eilends hin und saget seinen Jüngern, dass er von den Toten auf erweckt worden ist!

als die Sonne aufgegangen war. [3] Und sie sagten zueinander: Wer wird uns den Stein von der Türe der Gruft wegwälzen? [4] Und wie sie aufblickten, sahen sie, dass der Stein fortgewälzt war. Er war nämlich sehr groß. [5] Und sie gingen in die Gruft hinein und sahen einen Jüngling zur Rechten. sitzen, bekleidet mit einem langen weißen Gewand; und sie erschraken. [6] Er aber sagte zu ihnen: Erschrecket nicht! Ihr sucht Jesus von Nazareth, den Gekreuzigten; er ist auf erweckt worden, er ist nicht hier; siehe da den Ort, wo sie ihn hingelegt haben.

[7] Aber gehet hin, sagt seinen Jüngern und dem Petrus:

aber hineingingen, fanden sie den Leib des Herrn Jesus nicht. [4] Und es begab sich, während sie darüber ratlos waren, siehe, da traten zwei Männer in blitzendem Gewand zu ihnen. [5] Als sie aber in Furcht gerieten und das Angesicht zur Erde neigten, sprachen sie zu ihnen:

Was sucht ihr den Lebendigen bei den Toten? [6] Er ist nicht hier, sondern er ist auferweckt worden.

Erinnert euch, wie er zu euch geredet hat, als er noch in Galiläa war, [7] indem er sagte: Der Sohn des Menschen muss ausgeliefert werden in die Hände sündiger Menschen und gekreuzigt werden und am dritten Tage auferstehen, [8] Und sie erinnerten sich seiner Worte. [9] Und sie kehrten von der Gruft zurück und verkündigten dies alles den Elfen und allen übrigen.

Und siehe, er geht euch voran nach Galiläa; dort werdet ihr ihn sehen. Siehe, ich habe es euch gesagt. [8]Und sie gingen eilends von der Gruft hinweg mit Furcht und großer Freude und liefen, um es seinen Jüngern zu verkündigen. [9]Und siehe, Jesus kam ihnen entgegen und sprach: Seid gegrüßt! Sie aber traten hinzu, ergriffen seine Füße und warfen sich vor ihm nieder. [10]Da sagt Jesus zu ihnen: Fürchtet euch nicht; gehet hin, verkündigt meinen Brüdern, dass sie nach Galiläa gehen sollen, und dort werden sie mich sehen.

Er geht euch voran nach Galiläa; dort werdet ihr ihn sehen, wie er euch gesagt hat.

[8]Und sie gingen hinaus und flohen von der Gruft, denn Zittern und Entsetzen hatte sie ergriffen. Und sie sagten niemandem etwas, denn sie fürchteten sich.

[10]Maria aus Magdala und Johanna und Maria des Jakobus und die übrigen mit ihnen sagten dies zu den Aposteln, [11]Und diese Worte kamen ihnen vor wie leeres Gerede, und sie glaubten ihnen nicht.

Abb. 12: Synopse der Erzählungen vom leeren Grab

Auch die Erscheinungsgeschichten belegen die Auferstehung nicht direkt, sie ergibt sich vielmehr als logischer Rückschluss. Sie weisen bei Matthäus und Lukas erhebliche Differenzen auf, sowohl hinsichtlich des Ortes des Geschehens als auch der Personen, denen die Erscheinungen widerfahren. Das spielt in diesem Fall jedoch insofern keine entscheidende Rolle, als die älteste Überlieferung sich ohnehin nicht in den Evangelien findet, sondern bei Paulus. Im ersten Korintherbrief schreibt er:

[3]Denn als Erstes habe ich euch weitergegeben, was ich auch empfangen habe: Dass Christus gestorben ist für unsre Sünden nach der Schrift; [4]und dass er begraben worden ist; und dass er auferstanden ist am dritten Tage nach der Schrift; [5]und dass er gesehen worden ist von Kephas [Petrus], danach von den Zwölfen.[6]Danach ist er gesehen worden von mehr als fünfhundert Brüdern auf einmal, von denen die meisten noch heute leben,

einige aber sind entschlafen. [7]Danach ist er gesehen worden von Jakobus, danach von allen Aposteln. (1 Kor 15,3–7)

Paulus weist ausdrücklich darauf hin, dass er hier eine Überlieferung weitergibt, die er selbst empfangen hat. Sie hat folglich bereits vor Abfassung des Briefes, der auf das Jahr 56 n.Chr. datiert wird, existiert, möglicherweise sogar schon vor Paulus' Bekehrung, die zwischen 33 und 35 anzusetzen ist. Jedenfalls reicht diese Überlieferung dicht an das Ereignis der Erscheinungen heran, da die Mehrzahl der von Paulus angeführten Zeugen noch am Leben ist.

Was hat man sich unter den Erscheinungen vorzustellen? Hatten Petrus und all die anderen vielleicht einen Traum oder eine Vision? Aus heutiger Sicht mag man geneigt sein, die Erscheinungen psychologisch zu erklären. Solch eine moderne Betrachtungsweise verfehlt jedoch das, wofür die Erscheinungen stehen. Nicht weniger fragwürdig ist es allerdings, dem Verdacht, sie könnten auf einer Halluzination beruhen, mit dem Hinweis zu begegnen, die Auferstehung Jesu sei vom Glauben unhinterfragt als ein historisches Ereignis hinzunehmen. Solch eine Forderung wäre paradox, denn weder benötigt noch ermöglicht ein historisches Faktum Glauben; es müsste historischer Erforschung zugänglich sein, was Jesu Auferstehung offensichtlich nicht ist. Zudem wird der Glaube damit zu einem Für-Wahr-Halten dessen degradiert, was die Jünger gesehen zu haben behaupten. Ein Glaube, der sich an die Faktizität der Auferstehung klammert, entlarvt sich im Grunde als Glaubensverweigerung. Glaube, ernst genommen, zeichnet sich gerade dadurch aus, dass er eine Absicherung weder zulässt noch verlangt. Die korrespondierenden Feststellungen, dass ein historisches Faktum nicht des Glaubens bedarf und der Glaube nicht historischer Fakten, bestätigen auf ihre Weise auch die Evangelientexte. Kein Ungläubiger bezeugt dort die Auferstehung und keiner ihrer Bezeuger ist ohne Glauben.

Wenn man die aus den Erscheinungen gefolgerte Auferstehung Jesu zum Gegenstand des Glaubens erklärt, führt das zu der weiteren Paradoxie, dass ausgerechnet die ersten Zeugen des Christentums der Notwendigkeit zu glauben enthoben gewesen wären, da ihnen das Privileg der Anschauung zuteil geworden ist, die den Glauben überflüssig macht. Erst seitdem Jesuserscheinungen nicht mehr stattfinden, müsste der Glaube, der auf der Zuverlässigkeit der Aussagen der Jünger beruhte, an ihre Stelle treten. Doch entweder ist der Glaube von Anfang an für das Christentum konstitutiv oder gar nicht.

Trotzdem kann man von der Auferstehung Jesu als einem Wunder reden. Man muss nur genau darauf achten, worin das Wunder besteht. Es besteht nicht in der biologisch unmöglichen Rückkehr eines Toten ins Leben, sondern in dem Glauben der Jünger an diesen Toten als an einen Lebendigen. Dieser Glaube lässt sich ähnlich wie die Liebe insofern als Wunder begreifen, als beide außerhalb der eigenen Verfügungsgewalt liegen. Zum Glauben kann man sich ebenso wenig zwingen oder gezwungen werden wie zur Liebe, aber dagegen wehren kann man sich auch nicht. Man kann beides nur entweder annehmen oder ausschlagen.

Offenbar haben die Jünger ihren Glauben an Jesus als solch ein Wunder erfahren und als ein solches zum Ausdruck bringen wollen. Nach Jesu Verhaftung sind sie vom Jerusalemer Tatort in der vermutlich nicht unbegründeten Befürchtung geflohen, als Anhänger Jesu auch unter Anklage gestellt zu werden. Diese Angst lässt Petrus bekanntlich Jesus dreimal verleugnen. Ihre Befindlichkeit nach Jesu Kreuzigung bringt ein Satz in der Emmaus-Geschichte des Lukasevangeliums treffend zum Ausdruck: »Wir aber hofften, er sei es, der Israel erlösen werde« (Lk 24,21a). Die Jünger haben die Sache Jesu mit dessen Tod offensichtlich verloren gegeben. Dann jedoch treten sie völlig überraschend und ohne ersichtlichen Grund nur drei Tage später aus ihren Verstecken hervor und verkündigen den gekreuzigten Jesus als Messias*. Man darf wohl annehmen, dass da etwas in ihnen oder richtiger mit ihnen vor sich gegangen sein muss. Auch hier führt es zu nichts, dies psychologisch ergründen zu wollen. Um Hirngespinste jedenfalls kann es sich nicht gehandelt haben, denn die Jünger nehmen für ihre Verkündigung Verfolgung und Tod in Kauf. Feststellen lässt sich nur, dass sie zum Glauben an Jesus als Messias* gekommen sind. Dies bringen sie gemäß den Vorstellungen ihrer Zeit mit der Aussage zum Ausdruck: Jesus ist auferstanden. Wer dies heute nachspricht, etwa im Glaubensbekenntnis, kann damit nicht mehr und nichts anderes aussagen als damals die Jünger: dass er zum Glauben gekommen ist. Da jedoch das Auferstehungsbekenntnis heute in der Regel nicht mehr als reine Glaubensaussage verstanden wird, sondern immer auch

als historische Wirklichkeitsaussage, sollte man, um Missver-
ständnisse zu vermeiden, andere Formulierungen wählen, mit
denen das Zum-Glauben-Kommen in den Vorstellungen unserer
Zeit zur Sprache gebracht werden kann. Willi Marxsen hat dafür
zwei Formulierungen vorgeschlagen:

Da es immer um den Glauben geht, den der irdische Jesus brachte, ist
allein Jesus hier unauswechselbar. Aber er ist gestorben. – Doch damit ist
sein Angebot nicht außer Kraft gesetzt. Das hat man damals erfahren; das
kann man heute auch noch erfahren. Weil es um *sein* Angebot geht, habe
ich versucht, diese Wirklichkeit so zu formulieren: Er kommt auch noch
heute. Hier liegt der Ton darauf, dass Jesus unauswechselbar ist, dass *er*
in seinem Angebot heute gegenwärtig ist. – Meine andere Formulierung
[Die Sache Jesu geht weiter, H. S.] blickt mehr auf die Inhalte des Ange-
bots, von denen ich mehrere exemplarisch genannt habe: das Einlassen
auf Gott in diesem Leben, die Befreiung zum Lieben, das Sich-Verlieren
um des Nächsten willen und gerade das als Heil erfahren usw. Das alles
habe ich zusammengefasst mit dem Wort »Sache Jesu«. Das ist das,
worum es ihm ging.

Aus: Willi Marxsen, Die Auferstehung Jesu von Nazareth, © by Gütersloher
Verlagshaus, Gütersloh, in der Verlagsgruppe Random House GmbH,
München, S. 150

Da die christliche Hoffnung auf Auferstehung aller Menschen in
der Auferstehung Jesu gründet, darf der Frage nicht ausgewichen
werden, was das hier vorgetragene Auferstehungsverständnis für
diese Hoffnung bedeutet. Es macht sie keineswegs zunichte, wie
vorschnell angenommen werden könnte. Sie zerstört lediglich
die ohnehin naive Vorstellung einer Rückkehr in die Leiblichkeit
nach dem Tod. Die Preisgabe dieser Illusion bedeutet aber nicht
zugleich die Preisgabe jeglicher Jenseitshoffnung, die auf dem
Vertrauen in Gott basiert. Dieses Vertrauen kann nur im Laufe
des Lebens gewonnen werden; es kann sich nur dann auch über
den Tod hinaus als tragfähig erweisen und die Gewissheit jensei-
tiger Geborgenheit vermitteln, wenn es sich im Leben bewährt
hat. Wer sein ganzes Leben lang ohne Gott ausgekommen ist
und sich erst dann, wenn es zu Ende zu gehen droht, auf die
Kirche und das Christentum besinnt, der macht sich selbst etwas
vor und klammert sich an die Illusion, dass das Leben nach dem
Tod in irgendeiner Form weitergehe. Dem ist ein Satz Karl
Barths* entgegenzuhalten, der an Klarheit nichts zu wünschen

übrig lässt: »Der Mensch als *solcher* hat *kein* Jenseits, und er bedarf auch keines solchen; denn *Gott* ist sein Jenseits.« (Kirchliche Dogmatik III/2, Zollikon-Zürich 1959, S. 770)

6. Historischer Jesus und Christus des Glaubens

Als sich gegen Mitte des 20. Jahrhunderts die Erkenntnis durchgesetzt hatte, wie gering unser Wissen über den historischen Jesus ist, versuchte man, aus der Not eine Tugend zu machen, indem man Jesu irdischem Wirken, seinen Worten und Taten, eine Bedeutung für die Verkündigung des Urchristentums mehr oder weniger absprach. Berühmt geworden ist Bultmanns* Diktum, allein »das *Dass* des Gekommenseins« Jesu zähle, darüber hinaus jedoch spiele der historische Jesus für die nachösterliche Verkündigung keine Rolle. Diese Sichtweise konnte sich in gewissem Sinne auf Paulus berufen, der im 2. Korintherbrief schreibt: »Auch wenn wir Christus gekannt haben nach dem Fleisch, so kennen wir ihn doch jetzt so nicht mehr«. (5,16b). Wäre dies die einhellige Meinung des Urchristentums gewesen, wären die synoptischen Evangelien wohl kaum entstanden. Trotz aller nachösterlichen Überformungen und Ergänzungen zeigen sie ein unleugbares Interesse am irdischen Jesus, allerdings nicht in erster Linie an seiner Person, wohl aber an seiner Verkündigung. Wer den vorösterlichen Jesus völlig vom nachösterlichen Christus trennt, läuft Gefahr, letzteren zu mythologisieren.

Inzwischen hat freilich längst ein Umdenken eingesetzt und man besinnt sich wieder auf die Kontinuität zwischen dem historischen Jesus und dem Christus des Glaubens. Diese bezieht sich freilich nicht auf die Person. Denn Jesus und Christus sind Wesen von ganz unterschiedlicher Qualität. Bei ersterem handelt es sich um einen sterblichen und tatsächlich gestorbenen Menschen, bei letzterem um ein Wesen, das allein im Glauben existiert. Daraus folgt der qualitative Sprung zwischen der Verkündigung Jesu und der des Urchristentums. Der Verkündiger Jesus ist zum verkündigten Christus geworden. Inhaltlich besteht der Unterschied zwischen beiden Verkündigungen darin, dass die Christen das von Jesus als Gottes Reich und Gottes Willen verkündete Heil nun in Christus verwirklicht sehen und eben dies verkündigen.

Damit erhält die Bezeichnung Evangelium, die frohe Botschaft, einen doppelten Bezug; sie meint sowohl die Verkündigung Jesu als auch die des Christentums. Beide sind freilich in
den Evangelientexten z.T. untrennbar ineinander verwoben. Sie
sind nicht kongruent, bilden aber gewissermaßen zwei kon-
zentrische Kreise, die Verkündigung Jesu den inneren, die des
Christentums den äußeren. Beide lassen sich nicht auseinander-
reißen. Die christliche Verkündigung, die des Urchristentums so
gut wie die heutige, hinge völlig in der Luft, wenn sie den inhalt-
lichen Kontakt zu der Verkündigung Jesu verlöre. Natürlich
führen die Apostel diese nicht einfach fort – sonst zögen sie ja
die einzigartige Autorität und göttliche Vollmacht Jesu in Zweifel,
die zu bekennen gerade Gegenstand ihrer Verkündigung ist.
Aber diese muss Anhalt an dem haben und sich an dem messen
lassen, was Jesu gelehrt hat.

Dies für die heutige Verkündigung zu fordern ist allerdings
leichter, als es in die Tat umzusetzen. Wie lässt sich Jesu Lehre
heute zum Maßstab christlicher Verkündigung machen, die Bedeutung für unser Leben hat? Die Schwierigkeit liegt nicht in
dem hohen Anspruch, den Jesu Lehre etwa mit dem Gewaltverzicht oder der Feindesliebe stellt. Das Problem besteht vielmehr
darin, dass uns von der Zeit Jesu 2000 Jahre trennen und wir
nicht mehr in der Welt und der Gesellschaft jener Zeit leben.
Wenn wir nicht einmal mehr sagen können, was Jesus und seine
jüdischen Zeitgenossen sich unter dem Reich Gottes vorstellten,
was soll uns dieser Begriff dann heute bedeuten? Die Frage ist
also, ob die christliche Verkündigung die Lehre Jesu so in die
heutige Welt zu übertragen und auf die heutigen gesellschaftlichen Verhältnisse zu beziehen versteht, dass die Menschen damit
etwas anfangen können. Einen methodischen Weg zur Lösung
dieser Aufgabe weist Dorothee Sölles Unterscheidung zwischen
Nachahmung und Nachfolge Jesu.

Es kommt nicht darauf an, sein [Jesu] materiales Verhalten zu beschreiben und es zu imitieren, sondern darauf, die Tendenz seines Verhaltens
zu erkennen und seine Ziele in unserer Welt neu zu realisieren. Es ist
daher nicht sinnvoll, zu fragen: War er ein Revolutionär? Wie stand er
zur Gewalt, wie zum Grundbesitz? Sondern wir müssen versuchen, von
uns aus als seine Freunde, die Tendenz seiner Entscheidung bejahen,
zu sagen, wie wir heute zu Revolution, Grundbesitz oder Gewalt stehen.

Diese seine Funktion für uns [...] ist wichtiger als die dem Historiker erkennbaren Worte und Taten, die nur zur Nachahmung, nicht zur Nachfolge führen können.

Aus: Dorothee Sölle, Politische Theologie. Auseinandersetzung mit Rudolf Bultmann, Stuttgart 1971, S. 82

7. Christliche Ethik

Wie Nachfolge Jesu heute auszusehen hat, worin »die Tendenz seiner Entscheidung« zu sehen ist, lässt sich nicht in der Bibel nachschlagen, darüber müssen Christen miteinander streiten und können dabei zu durchaus unterschiedlichen Ergebnissen kommen, die zu entsprechend unterschiedlichen Verhaltensweisen führen. So leisten etwa die einen Christen Wehrdienst, während andere ihn verweigern und dafür Zivildienst leisten. Wenn sich aber sowohl der Wehr- als auch der Zivildienstleistende in der Nachfolge Jesu sieht, so scheint hier eine Beliebigkeit zu herrschen, die nicht erkennen lässt, was das spezifisch Christliche einer Verhaltensweise und einer christlichen Ethik insgesamt ausmacht. Wie jede Ethik bedarf auch die christliche eines verbindlichen Kriteriums, an dem sich das Verhalten orientiert. Dies muss sich aus der Botschaft Jesu gewinnen lassen. Die enthält zwar keine Aussagen zum Wehrdienst, wohl aber die Forderung, auf Gewalt zu verzichten, was die Beteiligung von Christen an einem Krieg auszuschließen scheint. Gewaltverzicht würde freilich in letzter Konsequenz zugleich bedeuten, auch auf Selbstverteidigung zu verzichten. Dazu mag ein Christ für seine eigene Person bereit sein. Wenn er aber das Leben eines anderen Menschen durch Gewalt bedroht sieht, verpflichtet ihn dann nicht das Gebot der Nächstenliebe zur Hilfe, muss er dann nicht das Leben dieses Menschen zu verteidigen suchen, notfalls auch mit Gewalt?

Gewiss wird ein Christ niemals als Erster zur Gewalt greifen und sich deshalb an keinem Angriffskrieg beteiligen können. Wenn er aber wie vor einigen Jahren im ehemaligen Jugoslawien Zeuge der Ermordung eines ganzen Volksstamms wird, darf er dann tatenlos zusehen? So wenig die christlichen Tugenden des Gewaltverzichts und der Nächstenliebe grundsätzlich einander ausschließen – in Konkurrenz zueinander können sie gleichwohl treten. Dann gerät der Christ in ein Dilemma, aus dem ihm auch nicht die Unterscheidung zwischen legitimer und illegitimer Gewalt heraushilft. Diese Unterscheidung gilt es vielmehr als Selbsttäuschung zum Zweck der Selbstrechtfertigung zu durchschauen. Greift der Christ um des Nächsten willen zu Gewaltmitteln, tut er dies in dem Bewusstsein, Schuld auf sich zu laden, und in der Hoffnung auf die vergebende Gnade Gottes.

Das Problem der Gewaltanwendung zeigt, dass christliche Ethik nicht aus einem festgelegten Verhaltenskodex für alle Lebenslagen besteht. Ein solcher würde das Handeln zwar einfacher machen, wäre aber keineswegs wünschenswert. Denn damit würde das Christentum in einen Legalismus* zurückfallen, den zu überwinden es einmal angetreten ist.

Auch mit den beiden in der Philosophie einander gegenübergestellten Arten der Ethik, für deren eine die Gesinnung entscheidend ist, aus der eine Handlung erfolgt (Gesinnungsethik), während die andere auf die damit erzielten Effekte sieht (Erfolgsethik), ist christliche Ethik nicht angemessen zu erfassen. Sie lässt sich vielmehr ihre Handlungsweise von der konkreten Situation vorgeben und kann insofern als Situationsethik bezeichnet werden. Zugleich ist sie eine Diskursethik. Denn die Auseinandersetzung darüber, wie in einer konkreten Situation christliches Handeln auszusehen hat, bleibt Christen nicht erspart.

Ihre Diskursfähigkeit haben Christen heute bei den schwierigen und weitreichenden Entscheidungen unter Beweis zu stellen, die im Bereich der Bioethik anstehen. Zur Bioethik vertreten Christen ebenso wie zur Gewalt sehr unterschiedliche Positionen. Während beide großen Kirchen und ein Großteil der Christen die Forschung mit embryonalen Stammzellen ablehnen, halten sie andere nicht nur für vertretbar, sondern geradezu für geboten. Die Ablehnung wird damit begründet, dass es sich bei Embryonen um entstehendes menschliches Leben handle, das uneingeschränkten Schutz verdiene und nicht zu Forschungszwecken geopfert werden dürfe. Die Befürworter dagegen weisen auf die Notwendigkeit der wissenschaftlichen Forschung mit embryonalen Stammzellen hin: Es gehe schließlich darum, eine Therapie zu entwickeln, mit der in Zukunft möglicherweise genetisch bedingte Krankheiten geheilt oder gar verhindert werden können.

Um hier zu einer Entscheidung zu gelangen, muss man wissen, dass die in der Stammzellenforschung verwendeten Embryonen in der Regel aus überzähligen befruchteten Eizellen gewonnen werden, die bei jeder künstlichen Befruchtung anfallen. Da sie bis auf die eine, die der Frau mit Kinderwunsch eingepflanzt wird, nicht zu dem Zweck erzeugt werden, daraus einen Menschen entstehen zu lassen, dürfte ihr Schicksal früher oder später auch ohne Stammzellenforschung darin bestehen, vernichtet zu werden. Wer uneingeschränkten Schutz für Embryonen fordert, setzt bei der embryonalen Stammzellenforschung zu spät an. Er hätte bereits jede Art künstlicher Befruchtung ablehnen müssen.

Ohne Zweifel ist es ein ehrenwertes Ziel, Paaren mit Hilfe der künstlichen Befruchtung ihren Kinderwunsch zu erfüllen. Man muss sich allerdings fragen, ob der ethische Preis dafür nicht zu hoch ist, wenn man die Erzeugung einer gewissen Anzahl nicht verwendeter befruchteter Eizellen mit ungewissem Schicksal in Kauf nimmt. Von unfruchtbaren Paaren, deren Zahl relativ gering ist, den Verzicht auf eigene Nachkommen zu verlangen, mag umso eher zumutbar erscheinen, als die Möglichkeit der Adoption besteht, womit nicht nur dem Paar, sondern auch dem Kind geholfen ist. Einer unabsehbar großen Zahl von Menschen durch das Verbot embryonaler Stammzellenforschung die Chance auf die Überwindung genetisch bedingter Krankheiten zu nehmen, ist dagegen ethisch weniger leicht zu rechtfertigen.

Als Christ kann man also durchaus die künstliche Befruchtung ablehnen und die embryonale Stammzellenforschung befürworten und damit eine der gegenwärtigen Rechtslage in Deutschland genau entgegengesetzte Position vertreten, und zwar grundsätzlich, nicht nur wegen der unbefriedigenden Gesetzgebung auf diesem Gebiet. Die Einfuhr und Erforschung embryonaler Stammzellen mit im Ausland vor einem bestimmten Datum angelegten Zellkulturen zu erlauben, die Anlage eigener jedoch zu verbieten, hat etwas Heuchlerisches. Konsequenter erscheint da die Regelung in anderen europäischen Ländern, etwa in England, wo Embryonen unabhängig von ihrer Herkunft bis zu einem bestimmten Entwicklungsstadium für Forschungszwecke freigegeben sind. Die Chance, dass diese Forschung zu Therapiemöglichkeiten führt, mit denen einer großen Anzahl von Menschen geholfen werden kann, wird dort höher bewertet als das Lebensrecht eines Embryos ohne Aussicht auf eine nur im Uterus mögliche Weiterentwicklung zu einem geburtsfähigen Kind. Dem Embryo im Mutterleib hingegen muss uneingeschränkter Schutz zuteil werden – was wiederum nicht ausschließt, dass es zwingende oder zumindest vertretbare Gründe für einen Schwangerschaftsabbruch geben kann.

Gott – Ziel des Glaubens

1. Die Unbeweisbarkeit und Unwiderlegbarkeit Gottes

Die Frage nach der Existenz Gottes mag für die Philosophie interessant sein, für die Theologie und den Glauben ist sie es nicht. Ließe sich die Frage beantworten, machte eine negative Antwort Theologie und Glauben gegenstandslos, eine positive machte beide überflüssig. Gott existiert einzig und allein im Glauben. Stellt man die Frage nach seiner Existenz unabhängig vom Glauben, müsste man einen Standpunkt außerhalb des Glaubens beziehen können, von dem aus man in der Tat hoffen dürfte, »objektive« Auskünfte über Gottes Existenz oder Nichtexistenz zu erlangen. Doch solch einen Standpunkt gibt es nicht. Denn da er außerhalb des Glaubens läge, läge er zugleich außerhalb der eigenen Existenz, aus der man nicht herausspringen kann und unabhängig von der sich keine allgemein gültigen Aussagen über Gott machen lassen, also keine, die nicht Ausdruck des Glaubens wären.

Wenn es gleichwohl bis zum Beginn der Aufklärung immer wieder versucht worden ist, Gott zu beweisen, so waren diese Versuche ausnahmslos zum Scheitern verurteilt, sofern man »Beweis« im modernen wissenschaftlichen Sinne versteht. Davon kann allerdings bei den mittelalterlichen »Gottesbeweisen« Anselm von Canterburys (1033–1109) oder rund zweihundert Jahre später Thomas von Aquins (1225–1274) keine Rede sein, und so sind sie auch gar nicht gemeint. Das ergibt sich schon daraus, dass Anselm seinen »Beweis« in Form eines Gebets präsentiert und damit die zu beweisende Existenz Gottes bereits voraussetzt: »Also, Herr, der du dem Glauben Einsicht schenkst, lass mich, soweit du es für gut hältst, einsehen, dass du Sein hast, so wie wir es glauben, und dass du das bist, was wir glauben!«[5] Es

---

5 Zitiert nach: Anselm Stolz, Anselm von Canterbury, München 1937, S. 54.

geht Anselm nicht darum, Gott zu beweisen, sondern ihn den Menschen einsichtig zu machen. Das versucht er mit Hilfe einer Definition für Gott, die dessen Nichtexistenz ausschließen soll. Er definiert Gott als »Etwas, im Vergleich zu dem ein Größeres undenkbar ist« (ebd. S. 54). Es ist jedoch keineswegs gesagt, dass es tatsächlich etwas gibt, das dieser Definition entspricht.

Auch Thomas von Aquin geht es nicht um einen Existenznachweis Gottes, sondern um die Nachvollziehbarkeit Gottes durch die menschliche Vernunft. Dabei geht er nicht mehr wie Anselm von einer Definition aus, sondern – weitaus »moderner« – von einer Beobachtung. Er stellt fest, dass alle Erscheinungen in der Welt auf eine Ursache zurückzuführen sind, durch sie bewirkt werden.

Anschaulich wird dies bei der Bewegung von Gegenständen, die sich nicht von sich aus bewegen, sondern weil sie angestoßen wurden. So entsteht, wie beim Umfallen einer Reihe von Dominosteinen, eine Kettenreaktion: Jeder Stein, der fällt, bringt einen nächsten zu Fall. Man kann sich diese Reihe beliebig lang vorstellen – an ihrem Anfang muss immer ein Dominostein stehen, der nicht durch einen anderen angestoßen wird, sondern durch eine Kraft, die außerhalb der Kette von Ursache und Wirkung steht, eine Kraft, die in Bewegung setzt, ohne selbst bewegt worden zu sein. Dieses erste Bewegende oder diese erste Wirkursache nennt Thomas von Aquin Gott.

Mit der gleichen Methode – von der Beobachtung eines Phänomens auf dessen Entstehungsursache zu schließen – beschreitet Thomas noch einen weiteren Weg zur Nachvollziehbarkeit Gottes (der heute freilich weitaus weniger überzeugend wirkt). Wenn »die natürlichen Körper«, z.B. Tiere, ohne Einsicht in ihre Handlungsweise zu haben, sich trotzdem so verhalten, wie es am besten für sie und die Erhaltung ihre Art ist, so lasse sich dies, wie Thomas meint, nur damit erklären, dass sie von außen durch etwas gesteuert werden, das Erkenntnis besitzt und mit Verstand begabt ist, womit natürlich Gott gemeint ist. Wir wissen heute, dass für die zweckgerichtete Verhaltensweise von Tieren der ihnen angeborene Instinkt verantwortlich ist.

Das Zeitalter der Aufklärung machte – in der Person des Philosophen Immanuel Kant (1724–1804) – alle Hoffnungen, Gott jemals beweisen zu können, endgültig zunichte. Gleichwohl spielt in Kants Philosophie Gott eine wichtige Rolle. Er »benötigt« ihn, um dem sittlichen Gesetz, ohne das keine Gesellschaft auskommt, eine absolute Verbindlichkeit zu verleihen. Eine solche Verbindlichkeit ist aus der Gesellschaft selbst nicht zu gewinnen, da jedes Sittengesetz sich – wie die Existenz unterschiedlicher Sittengesetze in unterschiedlichen Gesellschaften zeigt – relativieren lässt. Kant räumt ein, dass »die moralische Gewissheit« von Gottes Existenz, die nur subjektiver Natur sein kann, einer Forderung der Vernunft entspringt. Ein Verständnis Gottes als absolute moralische Instanz reduziert allerdings die christliche Heilsbotschaft auf eine Ethik und wirft das Christentum auf eine Gesetzesreligion zurück.

Die Aufklärung bescherte dem Christentum zum ersten Mal in seiner Geschichte eine bis dahin undenkbare Kritik an ihrer Tradition, an der Glaubwürdigkeit der biblischen Überlieferung ebenso wie an ihrem Gottesverständnis. Seitdem versuchen sich Philosophen daran, die Existenz Gottes zu widerlegen, womit sie freilich genau so scheitern, wie zuvor die Versuche derer gescheitert sind, die seine Existenz haben beweisen wollen. Von dem in der Aufklärung entstandenen theoretischen Atheismus sollte man den praktischen Atheismus unterscheiden, der mit der Konstantinischen Wende (s. S. 130f.) Einzug ins Christentum gehalten hat. Gemeint ist ein nominelles Christsein, das im Alltag keine Rolle spielt, ein mehr oder weniger unbestimmter Gottesglaube, der ohne Bedeutung für das Weltverständnis und ohne Konsequenzen für die Lebensführung bleibt; man lebt so, als ob es Gott nicht gäbe. Das dürfte auch heute auf eine Vielzahl Kirchensteuer zahlender »Christen« zutreffen.

Fast alle atheistischen Theorien, die die Philosophie seit der Aufklärung hervorgebracht hat, fußen auf Ludwig Feuerbach (1804–1872), dessen Argumentation von seinen Nachfolgern häufig nur variiert wird, sei es in einem marxistischen (Marx), psychoanalytischen (Freud) oder existenzialistischen (Sartre) Sinn. Feuerbach gelten die Prädikate, die man Gott gemeinhin zulegt (Allwissenheit, Allmacht, Allgüte usw.), als Beweis dafür, dass Gott nichts anderes ist als der seinen individuellen Beschränkungen enthobene, gleichsam vollkommene Mensch. Den aber gibt es nicht in der Realität, sondern nur als menschliche

Wunschvorstellung. Gott ist dann nichts weiter als eine Projektion des idealen menschlichen Wesens.

Ein Verdienst der Religion sieht Feuerbach darin, das Bewusstsein des Menschen von seinem eigentlichen Wesen aufbewahrt zu haben. Feuerbach will, dass der Mensch dieses »eigentliche, ideale Wesen« nicht mehr für Gott hält, sondern als sein eigenes erkennt und daraus die Verpflichtung ableitet, sich »über die Schranken seiner Individualität« zu erheben und seinerseits dem Mitmenschen zum Gott zu werden. Die pessimistische Beurteilung des Menschen: »homo homini lupus« (der Mensch ist für den Menschen ein Wolf) verwandelt Feuerbach in die moralisch anspruchsvolle Forderung: »homo homini deus« (der Menschen sei für den Menschen Gott). Damit verwandelt er zugleich die Theologie in eine Anthropologie, die dem Menschen eine Aufgabe zumutet, der er nicht gewachsen ist – sich bislang jedenfalls nicht gewachsen gezeigt hat.

Selbst wenn es zuträfe, dass Gott alle Wunschvorstellungen des Menschen über sein eigenes Wesen in sich vereint, würde das noch nichts über die Existenz oder Nichtexistenz Gottes aussagen. Wohl aber kann seit Feuerbach kein Zweifel mehr darüber bestehen, dass der Illusionsverdacht, unter den er Gott stellt und in den letztlich alle atheistischen Positionen münden, empirisch nicht zu widerlegen ist. Das verdeutlicht eine Parabel des englischen Philosophen Antony Flew.

Es waren einmal zwei Forscher, die stießen auf eine Lichtung im Dschungel, in der unter vielem Unkraut allerlei Blumen wuchsen. Da sagte der eine: »Ein Gärtner muss dieses Stück Land pflegen.« Der andere widerspricht: » Es gibt hier keinen Gärtner.« Sie schlagen daher ihre Zelte auf und stellen eine Wache auf. Kein Gärtner lässt sich jemals blicken. »Vielleicht ist ein unsichtbarer Gärtner.« Darauf ziehen sie einen Stacheldrahtzaun, setzen ihn unter Strom und patrouillieren mit Bluthunden. [...] Keine Schreie aber lassen je vermuten, dass ein Eindringling einen Schlag bekommen hätte. Keine Bewegung des Zauns verrät je einen unsichtbaren Kletterer. Die Bluthunde schlagen nie an. Doch der Gläubige ist immer noch nicht überzeugt: »Aber es gibt doch einen Gärtner, unsichtbar, unkörperlich und unempfindlich gegen elektrische Schläge, einen Gärtner, der nicht gewittert und nicht gehört werden kann, einen Gärtner, der heimlich kommt, um sich um seinen geliebten Garten zu kümmern.« Schließlich verliert der Skeptiker die Geduld: »Was bleibt eigentlich von deiner ursprünglichen Behauptung noch übrig? Wie unterscheidet sich denn das, was du einen unsichtbaren, unkörperlichen, ewig unfassbaren Gärtner nennst, von einem imaginären Gärtner oder von überhaupt keinem Gärtner?«

Aus: Antony Flew, Theologie und Falsifikation, in: Ingolf U. Dalferth (Hg.), Sprachlogik des Glaubens, München 1974, S. 90

Beide Forscher, sowohl der Skeptiker als auch der Gläubige, begehen den Fehler, Gott als ein Objekt wie andere Objekte in der Welt zu behandeln. Ihre Methoden, den Nachweis für die Existenz oder Nichtexistenz Gottes zu erbringen, entsprechen den Versuchsanordnungen empirischer Wissenschaften. Damit steht (wie es Flews Absicht entspricht) von vornherein fest, dass der Skeptiker Recht behalten muss. Gleichwohl steckt in der die Parabel beschließenden Unmutsäußerung des Skeptikers eine durchaus berechtigte Forderung. Zwar kann und muss der Glaube nicht die Existenz Gottes unter Beweis stellen, wohl aber ist er auf die Erfahrbarkeit Gottes in der Welt angewiesen. Ein nicht erfahrbarer Gott wäre in der Tat »von überhaupt keinem« Gott nicht zu unterscheiden. Der Frage nach der Erfahrbarkeit Gottes wird später weiter nachzugehen sein.

2. Die Grundlage des Gottvertrauens

Verhaltensforschern und Psychologen verdanken wir die Einsicht in die Bedeutung, die bei Säugetieren, also auch beim Menschen, den ersten Lebensjahren für die gesamte weitere Persönlichkeitsentwicklung zukommt. Die enge Beziehung zwischen Mutter und Kind wird zwar mit dem Durchtrennen der Nabelschnur bei der Geburt unterbrochen, besteht jedoch insofern fort, als das Neugeborene weiterhin seine Nahrung aus dem Körper der Mutter bezieht. Die zeitweilige Mode junger Mütter, ihr Kind nicht zu stillen, ist weitgehend überwunden, seitdem es sich herumgesprochen hat, dass für das Kind das Stillen mehr bedeutet als nur Nahrungsaufnahme. Die körperliche Berührung beim Stillen stellt für den Säugling einen wichtigen Kontakt zur Außenwelt her und vermittelt ihm das Gefühl der Geborgenheit und des Angenommenseins. Die erste Enttäuschung, die dem Säugling die Welt bereitet, besteht in der Umstellung der Nahrungsquelle von der Mutterbrust auf das Fläschchen. Dass ihm diese Enttäuschung ausgerechnet von der Person zugefügt wird, die bis dahin die Garantin für sein Wohlergehen in der Welt außerhalb des Mutterleibes gewesen ist, macht die Sache so schwer erträglich. Diesen ersten, von den Psychologen als oral-sensorisch bezeichneten Konflikt muss die Mutter durch verstärkte Zuwendung und Fürsorge kompensieren, um trotz dieser negativen Erfahrung das Vertrauen ihres Kindes in sie zu erhalten.

Seine nächste Bewährungsprobe hat dieses Vertrauen zu bestehen, wenn die Mutter das Blickfeld ihres Kindes verlässt, zunächst nur für wenige Augenblicke, dann für einen schrittweise ausgedehnten Zeitraum. Dazu lassen sich interessante Beobachtungen in Supermärkten anstellen, in denen Mütter die Kinderwagen vor der Verkaufszone parken können. Die Kinder verfolgen ihre Mutter mit den Augen, bis sie um eine Warengondel biegt und dem Blickfeld der Kinder entzogen ist. Ab diesem Augenblick reagieren die Kinder unterschiedlich. Manche beginnen jämmerlich zu schreien, andere bleiben ruhig und wenden ihre Aufmerksamkeit anderen Dingen zu. Die schreienden Kinder fühlen sich allein gelassen und haben Angst. Diejenigen, die ruhig bleiben, haben bereits so viel Vertrauen in ihre Mutter, dass sie sie in der inneren Gewissheit ihrer Wiederkehr aus ihrem Gesichtskreis entlassen können.

Um das so genannte Urvertrauen aufzubauen, brauchen Säuglinge und Kleinkinder eine konstante Bezugsperson, die nicht notwendig die biologische Mutter sein muss. Eine solche entbehren Kinder, die bereits kurz nach ihrer Geburt aus welchen Gründen auch immer in ein Heim kommen und dort aufwachsen. Es lässt sich aus organisatorischen Gründen nicht vermeiden, dass Kinder in Heimen von wechselnden Pflegepersonen versorgt werden. Statt des Urvertrauens entwickeln diese Kinder ein Urmisstrauen, was negative Konsequenzen für ihr weiteres Leben haben kann.

Das Vertrauen des Kleinkinds in die vorübergehend aus seinem Gesichtskreis verschwundene Bezugsperson lässt sich zwar substantiell nicht mit dem Glauben an einen unsichtbaren Gott gleichsetzen, wohl aber handelt es sich ihrer Struktur nach um verwandte Erscheinungen. Insofern auch der Glaube auf Vertrauen basiert, bildet das im Kleinkindalter erworbene Urvertrauen eine wichtige Voraussetzung für den Gottesglauben. Dabei muss allerdings offen bleiben, inwieweit sich in frühen Entwicklungsphasen Versäumtes später nachholen lässt. Die von der Verhaltensforschung im Tierreich nachgewiesenen Prägungen, d.h. die Fixierung auf bestimmte Verhaltensweisen in festgelegten, zeitlich eng begrenzten Lebensphasen, lässt sich nicht ohne Weiteres auf den Menschen übertragen. Unzweifelhaft jedoch haben es Menschen ohne Urvertrauen nicht nur schwer, eine Freundschaft oder Liebesbeziehung einzugehen, sondern auch, zum Glauben an Gott zu finden.

3. Das kindliche Gotteserleben

Viele Probleme, die wir als Erwachsene mit uns herumschleppen, haben ihre Wurzeln in der frühen Kindheit, sagen die Psychologen. Traumatische Kindheitserlebnisse können einen das Leben lang verfolgen. Dass dies auch für die Einstellung zu Gott gelten kann, zeigt der Psychoanalytiker Tilmann Moser in seinem Buch »Gottesvergiftung«, einer Abrechnung mit seiner religiösen Erziehung. Er wirft Gott vor: »Du haustest in mir wie ein Gift, von dem sich der Körper nie befreien konnte.«[6] Natürlich kann man diese Äußerung als das Ergebnis einer missratenen religiösen Sozialisation abtun. Immerhin zeigt sie, welch nachhaltige Bedeutung der Art und Weise zukommt, in der ein Kind von Gott erfährt und als was es ihn erfährt. Zu Recht in Verruf geraten, aber noch keineswegs völlig überwunden ist der Missbrauch Gottes als elterlichem Erziehungsgehilfen, der die Überwachung des Kindes dort übernehmen soll, wo das elterliche Auge nicht hinreicht. Wer kennt nicht den berüchtigten Satz »Der liebe Gott sieht und hört alles«? Solch einen Big-Brother-Gott kann kein Kind als lieb empfinden, vielmehr muss es Angst vor ihm haben und früher oder später Hass auf ihn entwickeln. Zu Luthers Forderung im Kleinen Katechismus, dass wir Gott fürchten und lieben sollen, bemerkt Tilmann Moser zu Recht, »als ob nicht das erste das zweite unmöglich macht« (ebd. S. 16). Man kann sich leicht ausmalen, was geschehen sein muss, um einen fünf-

---

6 Tilmann Moser, Gottesvergiftung, Franfurt/M. 1981, S. 9f.

jährigen Jungen zu der Aussage zu veranlassen: »Ich stelle mir Gott als einen bösen Mann mit einer Peitsche vor«. Gewiss vermitteln die meisten Eltern ihren Kindern, wenn überhaupt, ein eher freundliches Gottesbild: Gott ist lieb, hat einen langen, weißen Bart und wohnt, umgeben von Engeln, im Himmel. Dass der Himmel als religionsmythologischer Ort längst unbrauchbar geworden ist, dass er heute selbst für relativ kleine Kinder von Astronauten und nicht von himmlischen Wesen bevölkert wird, wird dabei geflissentlich ignoriert. Und wenn Oma oder Opa gestorben sind, dann haben sie nicht etwa ihr Leben beendet, sondern sind im Himmel und sehen von dort dem irdischen Treiben zu.

Solch eine religiöse Verniedlichung nehmen Eltern nicht nur mit Gott, sondern zu Weihnachten auch mit Jesus vor. Dann wird dieser zum Christkind, das Wunschzettel erfüllt oder auch nicht, dem es jedenfalls gelingt, auf geheimnisvolle Weise und unbemerkt die Geschenke rechtzeitig zur Bescherung ins Weihnachtszimmer zu befördern. Wie sollen Kinder dieses merkwürdige Flügelwesen jemals mit Jesus von Nazareth identifizieren, der elendig am Kreuz verendet ist? Häufig genug misslingt das. Entweder geht das Christkind für sie nahtlos in den Wundertäter und Superman Jesus über und bleibt so für den Rest ihres Lebens außerhalb jeglicher Realität, oder es verschwindet ganz aus ihrem Leben, wenn sein Geheimnis gelüftet ist und es sich als Schwindel erwiesen hat. Was entgeht Kindern, wenn man auf das Christkind als Geschenkbringer verzichtet und stattdessen die Eltern ihre Kinder und sich gegenseitig aus Freude über die Geburt des Heilands beschenken? Mit dem Osterhasen ist das etwas anderes. Als reines Fantasiegebilde mag er so lange Eier verstecken, wie Kinder Spaß daran haben. Danach kann er sich problem- und schadlos in Wohlgefallen auflösen.

Ein Irrtum wäre es, anzunehmen, das vermeintlich kindgemäße, in Wahrheit jedoch falsche Gottesbild würde sich im Laufe des Lebens von selbst korrigieren. In keinem Bereich der Entwicklung junger Menschen gibt es einen Automatismus. Wie die Esssucht bei Erwachsenen von Psychologen als Anzeichen gewertet wird, dass die orale Phase nicht überwunden worden ist, oder Geiz als Anzeichen dafür, auf die anale Phase fixiert geblieben zu sein, so gelangen manche Erwachsene nicht über ihr kindliches Gottesverständnis hinaus. Gott bleibt für sie »der da oben«, der ihr Schicksal lenkt und den man um Beistand für alles Mögliche anfleht und für alles Mögliche verantwortlich macht, auch für das, was man sich selbst zuzuschreiben hat.

Für die Beantwortung der Frage, wie Kindern Gott nahe gebracht werden kann, gilt wie für alle Bereiche der Erziehung die pädagogische Grundregel, dass jede Erklärung zwar gemäß dem wachsenden Verständnisvermögen des Kindes für Erweiterungen offen bleiben soll, aber nichts enthalten darf, was später zurückgenommen werden muss. Hinsichtlich der sexuellen Aufklärung hat sich inzwischen die Erkenntnis durchgesetzt, am besten gar nicht erst mit dem Klapperstorch anzufangen, den das Kind früher oder später als Lüge entlarvt. Das gilt entsprechend auch für das Reden von Gott. Ist dieser erst einmal in den Himmel verbannt, ist es später schwer oder gar unmöglich, ihn wieder auf die Erde zu holen. Deshalb sind manche Kindergebete, wie »Lieber Gott, mach mich fromm, dass ich in den Himmel komm«, wenig hilfreich bei dem Versuch, Kleinkindern Gott nahe zu bringen, und eigentlich auch überflüssig. Denn Gott kommt im Erfahrungshorizont von Kleinkindern nicht vor. Wichtiger als ein lieber Gott sind für sie liebe Eltern.

Jedes von außen an Kinder herangetragene Gottesbild muss für sie unverständlich und bedeutungslos bleiben. Für die Gottesvermittlung gilt, was für alle Erziehungsbereiche gilt: Die beste und wirkungsvollste Erziehungsmethode ist das gelebte Vorbild der Eltern. Wer selbst ohne Gottesglauben lebt, wird ihn niemals seinen Kindern vermitteln können. Eine Ahnung von Gott werden Kinder dort gewinnen, wo sie merken, dass das Leben ihrer Eltern vom Glauben an Gott getragen ist, auch und gerade dann, wenn dieser sich in einer Krisensituationen zu bewähren hat. Stirbt z.B. ein Großelternteil, sieht das Kind die Eltern trauern und spürt, dass auch deren Macht Grenzen hat. Hilft den Eltern in dieser Situation ihr Glaube, den Verlust zu ertragen, ahnt das Kind, dass es eine Macht jenseits der der Eltern gibt. Das Beispiel zeigt zudem, dass es keinen festlegbaren Zeitpunkt dafür gibt, ein Kind für Gott zu sensibilisieren. Das muss sich aus der Lebenssituation einer Familie ergeben.

Gegen ein solches Konzept religiöser Erziehung mag man einwenden, dass man doch nicht immer den Tod eines Großel-

ternteils abwarten könne, um Kinder den elterlichen Glauben
erfahren zu lassen; da sind sie häufig schon längst keine Kinder
mehr. Weiterhin mag man sich zu Recht daran stören, dass die
kindliche Wahrnehmung des elterlichen Glaubens an negative
Lebenssituationen gebunden sein soll. Dass dies keineswegs der
Fall sein muss, zeigt eine Begebenheit, die Elisabeth Plattner
unter der Überschrift »Ein Kind erlebt Gott« in ihrem Buch »Die
ersten Lebensjahre« erzählt.

Traudel und Monika […] hatten sich Puppen mit richtigen Zöpfen ge-
wünscht, die eine mit blonden, die andere mit braunen. Als sich dieser
Wunsch erfüllte, war die Freude besonders groß, weil sie bisher nur
Stoffpuppen gehabt hatten. Täglich spielten sie mit unendlicher Hingabe
»Mutter-Kind-Tante-Nichte«.
Eines Tages, als die Tür zum Kinderzimmer ein wenig offen stand, wäh-
rend meine Tante und ich im Nebenzimmer nähten, fiel Traudel, der
Größeren, ihr Püppchen zu Boden. Sie weinte schmerzlich. Ratlos stand
Monika vor ihr und versuchte, sie zu trösten: »Es ist nicht so schlimm,
nur die Nase ist ein wenig angestoßen, das macht doch nicht so viel.«
Aber Traudel war untröstlich. Da rannen auch Monika die Tränen übers
Gesicht. Eine Zeitlang war es still; nur ab und zu hörte man die Größere
leise vor sich hinweinen, bis plötzlich die Kleinere sagte: »Komm, weine
nimmer! Ich tausche mit dir! Da! Darfst meine Puppe haben.« Wieder
war nichts zu hören. Dann wiederholte die Kleine ihren Vorschlag, nahm
der Schwester ihre Puppe aus der Hand und gab ihr dafür ihre eigene. Da
sah Traudel ungläubig auf. Konnte das wirklich Monis Ernst sein? Dann
herzten sich die Kinder, die Kleine hüpfte und tanzte um die Größere
herum, bis auch diese wieder lachte.
Auf einmal wirbelte Monika zu uns herein wie ein Gummiball und rief:
»Mutter, ich habe ihr meine Puppe geschenkt!« Meine Tante sah sie an
und schwieg. Mit einem Mal stand Monika still und sagte mit unendlich
glücklichem Lächeln: »Jetzt weint sie nimmer.« – Welch ein Erlebnis! In
der Macht eines kleinen Kindes steht es, die Tränen des anderen zu
stillen?! Dem Kind dünkte dies offenbar ein Wunder.
    In diese Stille fielen die Worte meiner Tante: »Das ist Gott, was sich
in deinem Herzen so freut.« Mit großen, staunenden Augen stand das
Kind still und unbeweglich. Eben war es noch wie ein Wirbelwind um-
einandergehüpft, jetzt rührte es kein Glied.
    Als wir wieder allein waren, erklärte mir meine Tante, die Kleinen
hätten sie am Tag zuvor gefragt, was denn eigentlich »Gott« sei. Sie
habe zwar eine Antwort gegeben, aber dabei gespürt, dass sie nicht
ganz das rechte Wort gefunden habe. Wir schwiegen beide. Ein unbe-

schreibliches Glück umfing mich. Ich war Zeuge gewesen, wie ein Kind Gott erlebte.

Aus: Elisabeth Plattner, Die ersten Lebensjahre. Eine Hilfe im Umgang mit kleinen Kindern, Herderbücherei Bd. 193, Freiburg [9]1978, S. 180f.

4. Gotteserfahrung

Von Erfahrungen, die Kinder machen, ist bereits in den beiden vorigen Abschnitten die Rede gewesen. Das Urvertrauen basiert auf der Erfahrung der Zuverlässigkeit der Mutter und der Welt. Irgendwann erfahren Kinder aber auch die Ohnmacht ihrer Eltern gegenüber Schicksalsschlägen und die Kraft, die ihre Eltern dann aus dem Glauben oder anderswoher beziehen müssen, um diese auszuhalten. Und sie erfahren ihre eigene Macht, Gleichaltrige zu trösten, und das Glück, das man dabei empfindet. Alle diese Erfahrungen haben gewiss nicht unmittelbar mit Gott zu tun. Die erste ist eine notwendige, die zweite eine hilfreiche Voraussetzung für die Entwicklung der Glaubensfähigkeit. Bei der dritten dient Gott als Erklärung für einen unerklärlichen, »wunderbaren« Vorgang. Das reicht als »Gotteserfahrung« für Kinder aus, nicht jedoch für Erwachsene. Fragt sich nur, ob es für sie überhaupt so etwas wie Gotteserfahrung geben kann. Heinz Zahrnt beklagt den »anhaltenden Ausfall an Gotteserfahrung« »inmitten einer Welt, in der nur noch das Sichtbare zu gelten scheint: ›nackte Tatsachen‹, ›handfeste Resultate‹, ›greifbare Erfolge‹, ›reale Fakten‹«. Deshalb erhebt er die Forderung nach »einer neuen zeitgenössischen Erfahrungstheologie«, für die derjenige, der sie vertritt, »zwei Bedingungen erfüllen« müsse:

Einerseits muss man ihm anmerken, dass er »in eigener Sache« auftritt, dass er von etwas erzählt, was er selbst erfahren hat, mit einem Wort, dass sein Reden von Gott durch Existenz gedeckt ist. Der »Zeitgenosse« – und das ist nicht der viel zitierte »Mann auf der Straße«, sondern bin immer zuerst ich selbst, in meiner Situation, mit meinen Fragen, Zweifeln, Anstößen und Schwierigkeiten.
Andererseits aber darf, wer vom Glauben an Gott spricht, nicht in reiner Subjektivität verharren, wenn sein Glaube nicht nur als eine willkürliche Setzung oder eine private Illusion erscheinen soll. Vielmehr muss er sich bemühen, sein eigenes unmittelbares Innewerden Gottes auch anderen zu

vermitteln. Dazu muss er die Zone der reinen Subjektivität verlassen und zeigen, dass die von ihm behauptete Gotteserfahrung nicht nur durch seine eigene Existenz gedeckt ist, sondern einen Anhalt auch an der Wirklichkeit des Lebens und der Welt hat, wie sie jedermann zugänglich ist.

Natürlich können die Christen den unsichtbaren Gott nicht wie irgendeinen Gegenstand der Welt »in Sicht bringen«: Siehe, hier oder da ist er –, wohl aber können sie Gott an der Wirklichkeit der Welt »ersichtlich machen«: wo und inwiefern der Glaube an Gott für einen Menschen in seinem Leben »in Betracht kommt«. Was auf diese Weise stattfindet, ist ein Wettstreit um die Wirklichkeit der Welt: wer sie in der richtigen Weise wahrnimmt und das Leben in ihr sinnvoll bestehen hilft. Als Christ tue ich nichts anderes, als was Nichtchristen auch tun: ich deute die Welt. Es gibt ja nie »die« Wirklichkeit, sondern immer nur ausgelegte Wirklichkeit. Ich biete eine »theistische« Deutung der Wirklichkeit der Welt, so wie andere sie auf ihre Weise deuten – vom Marxismus bis zur transzendentalen Meditation.

Aus: Heinz Zahrnt, Christentum für Zeitgenossen, S. 214ff.

4.1 Gott als Schöpfer

Der grundlegende »Wettstreit um die Wirklichkeit der Welt«, der alle anderen einschließt, betrifft den Ursprung der Welt selbst. Dabei sollte man nicht stets aufs Neue die alten Schlachten zwischen der biblischen Darstellung der Schöpfung auf der einen und der wissenschaftlichen Welterklärung auf der anderen Seite schlagen. Dieser Krieg ist längst entschieden, auch wenn einige immer noch meinen, Nachhutgefechte austragen zu müssen. Neuerdings versuchen die so genannten Kreationisten* als Verfechter eines fundamentalistischen* Bibelverständnisses, ihren Schöpfungsglauben in ein neues, pseudowissenschaftliches Gewand zu kleiden, das sie »intelligent design« nennen. Fundamentalisten bezeichnen sich als »bibeltreue Christen«, in Wahrheit jedoch nehmen sie die biblische Darstellung der Schöpfung nicht ernst. Denn dann müssten sie erkennen, dass die Bibel nicht eine, sondern zwei Schöpfungsgeschichten enthält, die sich in wesentlichen Punkten widersprechen.

In dem Kapitel über die Bibel ist dargelegt worden, wie die fünf Bücher Mose aus mehreren zu verschiedenen Zeiten entstandenen Überlieferungen zusammengefügt worden sind. Bei

den beiden Schöpfungsgeschichten werden allerdings nicht wie
bei der Darstellung des Durchzugs durchs Schilfmeer die zwei
Überlieferungen ineinander verwoben, sondern beide werden
geschlossen hintereinander präsentiert, zunächst die priester-
schriftliche (1 Mose 1,1–2,4a), dann die rund 500 Jahre ältere
»jahwistische« (1 Mose 2,4a–25). Der »Jahwist« beschreibt nicht
die Erschaffung der gesamten Welt, sondern die des Lebens auf
der Erde. Zunächst »machte Gott der Herr den Menschen aus
Erde vom Acker und blies ihm den Odem des Lebens in seine
Nase« (1 Mose 2,7). Mit dem Menschen ist hier der Mann
(Adam) gemeint. Für ihn pflanzt Gott den Garten Eden, setzt ihn
hinein und erschafft zu dessen Gesellschaft zunächst die Tiere
und schließlich aus einer Rippe des Menschen die Frau (Eva).

Die Priesterschrift weitet den Schöpfungsakt auf das gesamte
Weltall mit Sonne, Mond und Sternen aus. Danach erst erschafft
Gott das Leben auf der Erde. Verblüffenderweise entspricht die
Reihenfolge dieser Erschaffung in etwa den heutigen Erkenntnissen der Evolution. Die Flora geht der Fauna voran, die mit
den Wassertieren beginnt, denen die Vögel und dann die Land-
tiere folgen. Zum Schluss wird der Mensch gleichzeitig als Mann
und Frau erschaffen.

	1 Mose 2,4b–25	1 Mose 1,1–2,4a
Umfang	Leben auf der Erde	Welt-»All«
Reihenfolge	Mann ⇒ Pflanzen ⇒ Tiere ⇒ Frau	Pflanzen ⇒ Fische Vögel ⇒ Landtiere ⇒ Mensch
Stellung des Menschen		

Abb. 13: Vergleich der beiden biblischen Schöpfungsgeschichten

In beiden Geschichten nimmt der Mensch eine Sonderstellung
ein, die beim »Jahwisten« jedoch anderer Art ist als in der
Priesterschrift. Steht der Mensch hier gleichsam als krönender

Abschluss der Schöpfung an deren Spitze, so bildet er dort deren
Mittelpunkt, um den herum und auf den hin alles andere erschaffen wird.

Die Widersprüchlichkeit und damit die Unvereinbarkeit beider Schöpfungsgeschichten ist offenkundig. Dass uns die pries-
terschriftliche moderner erscheint und unseren Vorstellungen,
abgesehen von der sechstägigen Schöpfungsdauer, näher steht
als die »jahwistische«, kann nicht verwundern. Schließlich ist sie
500 Jahre jünger als diese.

Während des babylonischen Exils hatten die Israeliten die
dortige Kultur und Naturerforschung kennen gelernt, die erheblich weiter entwickelt war als die israelitische. Sie hat ihnen ein
völlig neues Weltbild vermittelt, dem die ältere Schöpfungsgeschichte nicht mehr gerecht wurde. Deshalb verfassten die Priester vielleicht noch im Exil, vielleicht erst unmittelbar nach ihrer
Rückkehr nach Jerusalem eine neue Schöpfungsgeschichte, in
der sich, den neuen Erkenntnissen entsprechend, auch die Vorstellung von Gott als Schöpfer veränderte. Das neue Weltbild
führte zwangsläufig zu einem neuen Gottesbild. Der folgende
Text vergleicht die Gottesbilder beider Schöpfungsgeschichten
miteinander.

1 Mose 2,4b–25	1 Mose 1–2,4a
Der Erzähler versteht [...] Gott von seiner ichbezogenen Erfahrung her: Wie ein Gutsherr besitzt Gott einen großen Garten; wie ein Gärtner bestellt Gott diesen Garten, indem er den Menschen hineinpflanzt; wie ein Töpfer formt Gott den Menschen aus Lehm; wie ein Medizinmann läßt Gott den Menschen in einen Tiefschlaf fallen, entnimmt ihm eine Rippe, bildet ein neues Wesen und haucht ihm Leben ein, wie ein Brautvater führt Gott dem Menschen die Frau als Gefährtin zu. Gutsherr, Gärtner, Töpfer, Medizinmann Brautvater – der Erzähler sieht Gott »anthropomorph«: in	Gott ist transzendiert. Gott ist hinausgestiegen über den subjektiven Erfahrungsbereich des einzelnen. So setzt Gott die innere Logik, den Ablauf der Entwicklungsketten. Gottes Wirken ist gleichsam unabdingbares Wirkungsprinzip. Um dieses Wirken Gottes von jedem menschlichen Schaffen abzusetzen, verwenden die Priester für Gottes Handeln demonstrativ – ganz im Gegensatz zu 1. Mose 2 – ein exklusives hebräisches Verb: »barah« = »Gott schuf«. Das ist ein Begriff, der ausschließlich für das Schaffen Gottes ausgespart wird, um jegliche Ähnlichkeit zwischen Gott und

Gestalt (griechisch: morphe) eines Menschen (anthropos). Der Erzähler bleibt also ganz in einem ichbezogenen Gottesbild befangen. Er, der seine Welt ganz von sich her versteht, kann gar nicht anders, als auch von Gott in ichbezogenen Vorstellungen zu erzählen.

Mensch zu verhindern. Dieses exklusive Handeln Gottes ist als »kosmologisch« zu sehen: Vom abstrahierenden Erfassen der Weltordnung (kosmos) her wird das Vernunftgemäße (griechisch: logos) zur Dimension der Gottinterpretation.

Aus: Paul Schulz, Der Mensch und Gott, in: Die Zeit, Nr. 10 vom 28. Februar. 1975, S. 52

Die Bibel legitimiert also keineswegs diejenigen, die mit ihrer vermeintlichen Bibeltreue heutige Christen auf ein veraltetes Welt- und Gottesbild festlegen wollen – wobei ja noch zu fragen wäre, auf welches der beiden. Vielmehr macht die Bibel selbst vor, wie mit veralteten Welt- und Gottesbildern zu verfahren ist: Sie setzt ein zeitgemäßes daneben. Demnach wäre es an der Zeit, die Schöpfungsgeschichte neu zu schreiben. Dazu berechtigt uns die Bibel nicht nur, sondern dazu verpflichtet sie uns geradezu, wenn wir heute verständlich von Gott reden wollen. Dabei ist allerdings zu berücksichtigen, dass die beiden biblischen Schöpfungsgeschichten bei allen Unterschieden eine entscheidende Aussage gemeinsam haben: Gott ist der Schöpfer der Welt, ihm verdankt sie ihre Entstehung. Die Frage ist, ob und allenfalls wie sich auch heute von Gott als Schöpfer der Welt sprechen lässt.

Als weitgehend anerkannte Erklärung für die Entstehung der Welt gilt heute die Urknalltheorie. Sie lässt allerdings eine Reihe von Fragen offen, vor allem die, was vor dem Urknall war. Manche Astrophysiker behelfen sich damit, dass sie den Ausgangspunkt des Urknalls zur »Anfangssingularität« erklären, die mal als zeitlicher Nullpunkt definiert wird, an dem die gesamte Masse des Universums auf einen Punkt von unendlich großer Dichte, unendlich hoher Temperatur und unendlich hohem Druck komprimiert war, mal als Grenze, über die hinaus »der Weg eines Lichtstrahls durch Raum und Zeit [...] nicht weiterverfolgt werden kann.«[7] Hier scheint allerdings nicht nur das Licht an eine Grenze zu stoßen, sondern auch die Astrophysik, ist doch die

---

7 John Barrow, Der Ursprung des Universums. Wie Raum, Zeit und Materie entstanden, München 1998, S. 57.

Singularität im Grunde nichts anderes als eine axiomatische Setzung, hinter die nicht zurückgefragt werden kann und darf. Trotzdem bleibt die Frage:»Wenn Raum und Zeit vor diesem singulären Anfang nicht existieren, wie erklären wir dann die Gesetze der Gravitation, der Logik oder der Mathematik? Existierten sie ›vor‹ dieser Singularität? Wenn ja – und das setzen wir offenbar voraus, wenn wir Mathematik und Logik auf die Singularität selbst anwenden –, dann müssen wir eine Rationalität anerkennen, die umfassender ist als das materielle Universum« (Barrow, S. 62), und die dürfen wir getrost als Gott bezeichnen.

Solch eine übergeordnete »Rationalität« wird auch durch eine andere Erkenntnis nahegelegt. Bei dem Urknall durfte die Geschwindigkeit des expandierenden Universums einen bestimmten Wert weder über- noch unterschreiten, sollte ein Universum wie das unsere entstehen. Wäre dieser Wert überschritten worden, wäre das Universum zu schnell expandiert, als dass Materie sich zu Sternen und Galaxien hätte verdichten können. Wäre er unterschritten worden, hätten die Gravitationskräfte das Universum kollabieren lassen, bevor sich Sterne hätten bilden können. Ein Universum der ersten Art, das sich unendlich ausdehnt, wird als »offenes«, eins der zweiten Art, das zum Kollabieren verurteilt ist, wird als »geschlossenes« bezeichnet. Auf der Grenze zwischen beiden liegt das so genannte »flache Universum«, dessen Geschwindigkeit einerseits gering genug ist, um Sterne entstehen zu lassen, andererseits jedoch groß genug, um den Kollaps zu verhindern. Sie wird »kritische Geschwindigkeit« genannt. Schließt man von der derzeitigen Ausdehnungsgeschwindigkeit des Weltalls auf dessen Anfangsgeschwindigkeit zurück, muss diese »so ›gewählt‹ worden sein, dass sie von der kritischen um nicht mehr als eins zu zehn hoch fünfunddreißig abweicht« (Barrow, S. 24), mit dieser also nahezu identisch ist. Diese ungeheure Präzision war notwendig, um ein Universum wie das unsere entstehen zu lassen.

Auch in anderen Bereichen sowohl des Makro- wie des Mikrokosmos sind die Naturgesetze und Naturkonstanten so fein justiert, dass die geringste Abweichung das gesamte System zum Kippen brächte. Natürlich kann man die so exakt abgestimmte Beschaffenheit unseres Universums für einen Zufall halten. Die Frage ist nur, ob dafür mehr spricht als für eine Rationalität, »die umfassender ist als das materielle Universum«. Jedenfalls widerlegt die Urknalltheorie mit der Hypothese einer Anfangs-singularität keineswegs Thomas von Aquins Annahme eines »Erstbewegenden«, modern gesprochen: die Annahme Gottes als Auslöser des Urknalls. Zu einem ähnlichen Urteil gelangt auch der englische Astrophysiker John Barrow: »Man sollte beachten, dass das traditionelle Urknallbild eines aus einer Singularität hervorgehenden Universums strenggenommen auch eine Schöp-fung aus dem absoluten Nichts ist.« (Barrow, S. 134)

Allerdings sind inzwischen neue Theorien entwickelt worden, die ohne die Singularität auszukommen versuchen. Die derzei-tige Expansion des Universums liegt so dicht an dem kritischen Wert, dass nicht zu entscheiden ist, ob sich die Abweichung in die Richtung eines offenen oder eines geschlossenen Universums bewegt. Das lässt die Annahme eines zyklischen Universums zu. Nach dieser Theorie kollabiert das mit dem Urknall entstandene Universum, wenn die Gravitation so stark wird, dass sie die Expansion des Universums umkehrt. Die Implosion löst eine erneute Explosion (Urknall) aus, und so ergibt sich ein unend-licher Kreislauf von Entstehen und Vergehen. Damit wäre die zeitliche Linearität aufgehoben, die die Voraussetzung für Thomas' »Gottesbeweis« bildet, und die Frage, was vor dem Urknall war, stellte sich nicht mehr.

Ein anderes Erklärungsmodell für die Weltentstehung wird aus der so genannten Stringtheorie abgeleitet, die ihren Namen aufgrund ihres Verständnisses der Elementarteilchen als schwin-gende Saiten oder Fäden (strings) erhalten hat. Diese Theorie postuliert elf Dimensionen und ein Multiversum, d.h. eine unend-liche Zahl von Paralleluniversen neben unserem mit jeweils eigenen Naturgesetzen. Sowohl die Theorie des zyklischen Uni-versums als auch die des Multiversums erklären die Entstehung eines so lebensfreundlichen Planeten wie unserer Erde mit der Wahrscheinlichkeitsrechnung. Bei angenommenen 10^{500} Univer-sen muss nach der Wahrscheinlichkeit auch eins mit solch einem Planeten dabei sein. Nach der gleichen Rechnung muss bei einem endlosen Entstehen und Vergehen das Universum irgendwann einmal solch einen Planeten hervorbringen.

Die ebenso erstaunliche wie für die Entstehung unseres Uni-versums notwendige Genauigkeit, mit der die Ausdehnungsge-

schwindigkeit seit dem Urknall der kritischen entspricht, versucht die Theorie des »inflationären Universums« zu erklären.
»Der zentrale Punkt der Theorie ist die winzige Zeitspanne einer
außerordentlich schnellen Expansion – oder *Inflation* – die möglicherweise nur für die Dauer von 10^{-30} Sekunden anhielt. In
dieser Zeit wuchs das Universum mindestens um den Faktor 10^{25}
an, vielleicht noch um sehr viel mehr. Nach diesem gewaltigen,
ganz plötzlichen Wachstum aufgrund der Inflation geht die
Beschreibung problemlos in die Standardtheorie des Urknalls
über.«[8] Diese Theorie ist zu der einer »chaotischen Inflation«
weiterentwickelt worden. Sie geht davon aus, dass die Inflation
nicht im gesamten expandierenden Universum stattgefunden
hat, sondern nur in Teilbereichen. »Einige sich aufblähende
Bereiche erzeugen interne Zufallsfluktuationen, die es ermöglichen, dass Teilregionen von ihnen sich aufblähen, die ihrerseits
Teilregionen erzeugen, die sich aufblähen können, und so weiter ad infinitum. Hat die Inflation einmal eingesetzt, scheint sie
sich verewigen zu können« (Barrow, S. 106). Daraus wird »die
Geburt des Kosmos aus dem Nichts« abgeleitet. Aber auch hier
gilt: »Um überhaupt etwas Interessantes aussagen zu können,
müssen alle diese Theorien sehr viel mehr voraussetzen als das,
was man gewöhnlich unter ›nichts‹ versteht. Was am Anfang
existieren muss, sind Naturgesetze [...] Energie, Masse und
Geometrie, und all dem liegt natürlich die ubiquitäre Welt von
Mathematik und Logik zugrunde. Ein breites Fundament von
Rationalität ist notwendig, bevor eine vollständige Erklärung
des Universums aufgestellt und aufrechterhalten werden kann.«
(Barrow, S. 131)
  Bislang sind alle diese Theorien, die über den Urknall hinausgehen, umstritten, weil sie Aussagen machen, die sich entweder
auf den Raum außerhalb des sichtbaren Universums oder auf den
Zeitraum vor Ablauf der ersten Sekunde nach dem Urknall beziehen. Die Bedingungen, die während dieser winzigen, aber
alles entscheidenden Zeitspanne im Universum herrschten, lassen sich auf der Erde nicht simulieren. Somit entziehen sich
diese Theorien der Forderung nach Verifizierbarkeit oder Falsi-

---

8 Alan H. Guth, Die Geburt des Kosmos aus dem Nichts, Darmstadt 1997,
S. 40.

fizierbarkeit, die an jede wissenschaftliche Theorie zu stellen ist, und geraten so in die Nähe von Spekulationen.

Allerdings sollte man mit der Proklamation von absoluten Grenzen für naturwissenschaftliche Erkenntnismöglichkeiten vorsichtig sein. Bislang sind die vermeintlichen Grenzen noch immer irgendwann überschritten worden, und nicht selten stand dabei eine zunächst kühn erscheinende Spekulation am Anfang. Was heute nicht verifizierbar ist, muss es nicht bis in alle Ewigkeit bleiben. Vor allen Dingen sollten sich Theologen hüten, Gott als Erklärung für noch nicht Erklärbares einzusetzen. Dietrich Bonhoeffer* hat zu solch einem Gottesverständnis zutreffend bemerkt, »das hält zwangsläufig immer nur so lange vor, bis die Menschen aus eigener Kraft die Grenzen etwas weiter hinausschieben und Gott als deus ex machina überflüssig wird«[9].

Eine Frage allerdings wird die Naturwissenschaft auch dann nicht beantworten können, wenn sie alle Rätsel der Weltentstehung gelöst haben sollte. Da es zu den notwendigen methodischen Voraussetzungen naturwissenschaftlichen Forschens gehört, dass seine Ergebnisse unter Absehung von dem forschenden Subjekt gewonnen werden, bleiben sie ohne existenziellen Bezug. Somit muss die Sinnfrage außen vor bleiben. Die Naturwissenschaft wird möglicherweise eines Tages die Entstehung des Universums in allen Einzelheiten erklären können, seinen Sinn jedoch wird sie uns niemals verraten können. Dafür sind Philosophie und Theologie zuständig.

4.2 Gott als Sinnstifter

Der Mensch ist, soweit wir wissen, das einzige Lebewesen auf der Erde, das nach dem Sinn der Welt und nach dem Sinn seines Lebens fragt. Findet die zweite Frage eine Antwort, ist auch die erste beantwortet. Beide Fragen setzen die Fähigkeit voraus, über sich und das eigene Leben hinauszudenken. Diese Fähigkeit lässt den Menschen gegenüber seinen Mitgeschöpfen überlegen

---

9 Dietrich Bonhoeffer, Widerstand und Ergebung. Briefe und Aufzeichnungen aus der Haft, hrsg. von Eberhard Bethge, München [12]1964, S. 112.

erscheinen, sie unterwirft ihn jedoch zugleich einem Zwang. Denn es liegt nicht im Belieben des Menschen, die Frage nach dem Sinn des Lebens zu stellen oder es zu unterlassen. Wohl lässt sie sich eine Zeit lang aufschieben oder unterdrücken, aber auf Dauer kann der Mensch ihr nicht ausweichen, und ohne Antwort kann er auf Dauer nicht leben. Bleibt sie aus, wird seiner Existenz die Grundlage entzogen; die logische Konsequenz wäre der Selbstmord.

Fragt der Mensch nach dem Sinn des Lebens, fragt er nach dem Eigentlichen seiner Existenz. Allerdings ist die Bedeutung des Wortes »Sinn« in der Verbindung »Sinn des Lebens« noch recht jungen Datums. Ohne seiner Begriffsgeschichte ausführlich nachzugehen, kann man sich die besondere Bedeutung, die das Wort in dieser Verbindung erhält, leicht dadurch klar machen, dass man sich andere Verwendungszusammenhänge vor Augen führt. Wenn ich von Sinn im Zusammenhang mit Riechen, Schmecken, Tasten usw. spreche, dann beziehe ich mich auf bestimmte menschliche Fähigkeiten, nämlich den Geruchssinn, den Geschmackssinn, den Tastsinn. Das Gleiche gilt, wenn ich den Plural gebrauche, also von den Sinnen spreche. Etwas anderes ist es dagegen, wenn ich von einem Menschen sage, er sei »von Sinnen«. Dann meine ich in der Regel nicht, dass dieser Mensch nicht mehr sehen, hören usw. kann, vielmehr will ich zum Ausdruck bringen, dass diesem Menschen bestimmte Fähigkeiten der geistigen Orientierung abhanden gekommen sind. Nichts anderes bezeichnen die Komposita Wahnsinn und Irrsinn.

Schwieriger ist es, die Sinnfrage gegen scheinbar ähnliche abzugrenzen, wie gegen die auf den Lebenszweck gerichtete Frage »Wozu lebe ich?«. Zwischen beiden Fragen besteht aber durchaus ein Unterschied. Während der Sinn das Lebensganze umfasst, bezieht sich der Zweck immer nur auf einzelne Teilbereiche und Aktivitäten. Ich kann nach dem Zweck dieses oder jenes Tuns fragen, z.B. nach dem Zweck der Anstrengungen, das Abitur zu erwerben; frage ich dagegen nach dem Sinn, meine ich etwas ganz anderes. Die Zweckfrage ist auf einen verrechenbaren Nutzen aus, die Sinnfrage geht in einer solchen Rechnung nicht auf.

Nicht selten wird der Sinn des Lebens durch das Lebensziel anzugeben versucht. Dabei stellt sich allerdings die Frage: Was ist, solange man das Ziel noch nicht erreicht hat? Ist das Leben bis dahin sinnlos? Oder was bedeutet es, wenn man das Ziel verfehlt, oder auch, wenn man es erreicht hat? Dann ist man ja ohne Ziel, und ist Ziellosigkeit gleichbedeutend mit Sinnlosigkeit? Gewiss hat man die Möglichkeit, sich stets ein neues Ziel zu setzen, wenn das vorherige erreicht ist, aber die Frage bleibt, ob tatsächlich die Addition all dieser »Etappenziele« gleichbedeutend ist mit dem Lebensziel.

Häufig kann man die Erklärung hören, der Sinn des Lebens bestehe darin, glücklich zu sein oder zu werden. Diese Aussage mag tautologisch erscheinen, aber nur dann, wenn Lebensglück mit Lebenssinn gleichgesetzt wird. Diese Gleichsetzung übersieht jedoch, dass das Glück im Unterschied zum Sinn durch seine Flüchtigkeit und Unbeständigkeit gekennzeichnet ist. Während jede Enttäuschung, jeder Misserfolg, jedes Missgeschick das Glücksgefühl bedrohen oder gar zerstören können, muss durch solche negative Erfahrungen, die für jeden Menschen unausbleiblich sind, der Sinn des Lebens nicht in Frage gestellt werden.

Wenn den Sinn im Unterschied zum Glück eine gewisse Beständigkeit und Dauerhaftigkeit auszeichnet, so bedeutet das weder, dass der Sinn des Lebens nicht verloren gehen könnte, noch, dass wir uns jeden Augenblick seiner bewusst wären. Mit dem Sinn verhält es sich in dieser Hinsicht ähnlich wie mit der Technik. Solange diese reibungslos funktioniert und unser Leben erleichtert, erscheint sie uns kaum des Nachdenkens wert. Erst dort, wo sie sich störend bemerkbar macht, tritt sie in unser Bewusstsein und wirft Fragen und Probleme auf. In gleicher Weise gilt: Solange der Sinn unseres Lebens selbstverständlich ist, ohne dass wir uns unbedingt dessen bewusst sind, fragen wir nicht danach. Das ist bei kleinen Kindern der Fall. Ihnen ist die Sinnfrage fremd, zumindest so lange, wie sie Zuwendung und Geborgenheit in der Familie erfahren. Eltern übernehmen bei ihren Kindern mit der Funktion Gottes auch die des Sinngebers.

Aus der kindlichen »Geborgenheit selbstverständlicher Sinngewährung«[10] fallen wir zwangsläufig alle einmal heraus, spätestens

---

10 Helmut Gollwitzer, Krummes Holz – aufrechter Gang. Zur Frage nach dem Sinn des Lebens, © by Gütersloher Verlagshaus, Gütersloh, in der Verlagsgruppe Random House GmbH, München, S. 71.

dann, wenn wir unser Elternhaus verlassen und uns in der Gesellschaft behaupten müssen. Anerkennung erfahren wir in der
Gesellschaft nicht mehr wie im Elternhaus aufgrund unseres
bloßen Daseins, sondern nur in dem Maße, in dem wir für die
Gesellschaft nützlich sind. Wird dem Leben des Kindes ohne
dessen Zutun Sinn von den Eltern zugesprochen, so muss sich
der Erwachsene seinen Lebenssinn in der Gesellschaft selbst erwerben. Die passive Sinngewährung wird von dem aktiven Sinn-
erwerb abgelöst. »Der tiefe Unterschied zwischen dem Zuhause
und der Fremde ist, dass der Mensch dort von Gnade, hier von
Leistung lebt« (Gollwitzer, s. Anm. 10, S. 73).

Das Leistungsprinzip ist keineswegs eine Erfindung moderner
Gesellschaften. Auch die Menschen des Mittelalters lebten in einer
Leistungsgesellschaft, allerdings einer anders, nämlich religiös
qualifizierten. Sie standen unter dem Zwang, während ihres
irdischen Lebens genügend »gute Werke« tun zu müssen, um im
Jenseits des ewigen Lebens teilhaftig zu werden. Wird der heutige Mensch von der Frage umgetrieben: »Wie kriegt mein Leben
einen Sinn?«, so der des ausgehenden Mittelalters von der Frage:
»Wie kriege ich einen gnädigen Gott?«. Diese Frage bedrängte
Martin Luther so sehr, dass er ins Kloster ging. Doch auch als
Mönch ließ sie ihn so lange nicht zur Ruhe kommen, bis er sich
und seine Zeitgenossen mit seiner Rechtfertigungslehre von dem
religiösen Leistungsdruck befreite. Zwischen der modernen Frage
nach dem Sinn und der spätmittelalterlichen nach einem gnädigen Gott sieht Helmut Gollwitzer mehr als bloß eine Parallele.

Beide Fragen sind vielmehr die gleiche, und ihre Terminologie ist aus-
tauschbar. [...] Überall also, wo die Sinngebung reduziert wird auf das sinnvolle Tun, handelt es sich um das, was die Reformatoren »Werkgerechtigkeit« nannten, d. h. ein Rechtfertigen des Daseins durch die Akte des
Menschen, die Gründung unseres Rechtes, zu sein, auf unsere Leistungen
und aufweisbaren Nutzwerte. Eben dies ist das Stehen unter dem Gesetz,
und dies ist ein Zustand der Knechtschaft, nicht der Freiheit. Denn frei ist
der Mensch, wenn er nicht sich selber rechtfertigen muss, wenn er von
diesem Müssen frei ist, wenn er frei zum Spielen ist, wenn Freiheit nicht
sein Ziel ist, um das er sich bemühen, das er sich erwerben muss, sondern
sein Ausgangspunkt. Frei ist der Mensch, der von Freiheit herkommt. Frei
ist der Mensch unter der Gnade. Darum ist das Kind das Bild der Freiheit.

Aus: Helmut Gollwitzer, s. Anm. 10, S. 78

Das Kind als das Bild der Freiheit anzusehen, stellt die gängigen Ansichten auf den Kopf. Gemeinhin gilt der Erwachsene als frei, gerade weil er den Sinn seines Lebens selbst bestimmen kann. Dies Können bedeutet jedoch zugleich ein Müssen, und was wie Freiheit erscheint, ist in Wahrheit ein Zwang. Von diesem Zwang befreit uns die Botschaft des Evangeliums mit der Zusage, dass unserem Leben schon vor all unserem eigenen Bemühen und unabhängig von unseren Leistungen von Gott Sinn zugesprochen wird – wie Kindern von ihren Eltern. Deshalb sagt Jesus »Wer das Reich Gottes nicht empfängt wie ein Kind, der wird nicht hinein kommen« (Mk 10,15). Warum sollte man das Reich Gottes nicht auch als Lebenssinn verstehen können?

Sinngewährung ohne Vorleistung gibt es außer für Kinder und außerhalb des Glaubens auch in einer speziellen zwischenmenschlichen Beziehung: in der Liebe. Man liebt einen Menschen nicht um dessentwillen, was er zu bieten hat, sondern um seiner selbst willen. Trotzdem müssen seine äußere Erscheinung, sein Wesen und Charakter so beschaffen sein, dass sie die Liebe eines anderen Menschen wecken. Ganz selbstlos ist kein zwischenmenschliches Liebesverhältnis, auch nicht die Liebe der Eltern zu ihren Kindern, »sofern das Dasein des Kindes einen sozialen Wert und Besitz für sie darstellt, sofern im Kinde sie sich selbst fortsetzen, und sofern ein biologischer Trieb wirksam wird« (Gollwitzer, s. Anm. 10, S. 80f.).

Abgesehen von den Einschränkungen, denen alle menschliche Liebe zwangsläufig unterliegt, lässt sich der Sinn des eigenen Lebens nicht ohne Risiko an einen anderen Menschen knüpfen. Denn jede zwischenmenschliche Sinnstiftung unterliegt der Gefahr, dass der Mensch, von dem ich meinen Lebenssinn beziehe, vor mir stirbt, was zwangsläufig zum Sinnverlust führt. Diese Situation ist hinlänglich bekannt. Ein Frau klagt nach dem Tod ihres Mannes oder umgekehrt ein Mann nach dem Tod seiner Frau, dass ihr/sein Leben fortan keinen Sinn mehr habe. Noch ärger kann es diejenigen treffen, die den Sinn ihres Lebens aus ihrem Beruf beziehen. In welche Sinnkrise der Verlust des Arbeitsplatzes viele Menschen stürzt, können wir nahezu jeden Tag miterleben. Eine verlässliche Sinngebungsinstanz muss deshalb die Lebenszeit des Einzelwesens überdauern, da sonst ständig Sinnverlust droht. Diese Voraussetzung erfüllen große Ideen,

die die Menschheit im Laufe ihrer Geschichte immer wieder
hervorgebracht hat und aus denen Menschen ihren Lebenssinn
bezogen haben. Ideologien wie der Idealismus oder der Kommunismus sind als Sinnstifter in Konkurrenz zur Religion getreten.
Ihr Mangel jedoch besteht darin, dass in ihnen das Individuum
nur von untergeordneter Bedeutung ist und nicht zu seinem
Recht kommt. Nicht zuletzt daran dürfte die Idee des Marxismus
gescheitert sein. Auf Dauer kann sich der Mensch nicht mit der
Rolle eines Krustentiers begnügen, das das Riff der Geschichte
aufzubauen hilft. Eine marxistische Trauerrede endet mit den
Sätzen: »Unsere Väter zogen den Kahn von der Mündung heraus.
Unsere Enkel werden die Quelle erreichen. Wir sind dazwi-
schen.« Das menschliche Leben lässt sich nicht auf eine »Zwi-
schenexistenz« reduzieren. Eine solche gewährt keine Sinnerfül-
lung. Der Mensch will in seiner Individualität angenommen, er
will geliebt sein. Liebe erfährt er aber nicht von einer Idee,
sondern von Menschen.

4.3 Gott als Liebe

Kein Mensch kann ohne Liebe existieren. Selbst wenn ein Neu-
geborenes dem Schicksal der unmittelbaren Kindestötung entgeht, die auch heute noch in unserer Gesellschaft gelegentlich
vorkommt, würde es zugrunde gehen ohne die Liebe der Mutter
(Bezugsperson), die in der Versorgung, der Pflege und im Sich-
Kümmern um das Kind ihren Ausdruck findet. Von außen betrachtet, mag hier kein Unterschied zu der Brutpflege vieler
Tierarten zu erkennen sein. Doch anders als das Tier bleibt der
Mensch auch in seinem weiteren Leben auf die anfangs zuteil-
gewordene Sinngewährung und Liebe angewiesen. Von den Kräften, die uns am Leben erhalten, gehört die Liebe zu den stärksten.
Doch wir erfahren auch die Grenzen aller zwischenmenschlichen
Liebesverhältnisse. Eine grenzenlose und bedingungslose Liebe,
so sagt Jesus, wird uns von Gott zuteil. »Jesu gesamte Verkündigung konzentriert sich darauf, den Menschen bewusst zu machen,
dass Gott Liebe ist.«[11] Das Verständnis Gottes als Liebe wie

---

11 Paul Schulz, Liebe als Prinzip (Der Mensch und Gott III), in: Die Zeit Nr. 12
vom 13. März 1975, S. 64.

auch als Schöpfer beschreibt keinen Zustand, sondern einen Prozess. Gott *ist* nicht, sondern Gott *ereignet sich*, das eine Mal als »Urkraft, die unbedingt und ständig neu zur Gestalt drängt« (Schulz, s. Anm. 8), das andere Mal im Lieben.

Versuchen wir, unseren Grundsatz »Gott ereignet sich im Lieben« näher zu erklären, dann lässt sich an Jesus zeigen, wie dieses Prinzip ganz konkret zur Wirkung kommen kann. Jesus erzählt zum Beispiel von dem sozialen Verantwortungsbewusstsein eines Großgrundbesitzers (Matthäus 20,1–15): Orientalischer Arbeitstag. Morgens sechs Uhr auf dem Markt. Der Gutsherr wirbt Arbeitskräfte an. Verabredeter Tageslohn: Ein Denar. Mittags zwölf Uhr. Nochmals werden Arbeiter angeworben. Drei Uhr nachmittags. Weitere Arbeiter werden vom Markt geholt. Eine Stunde vor Arbeitsschluss: Erneut werden Arbeiter herangeholt. Dann endlich Feierabend. Lohnauszahlung. Gehobene Stimmung. Zuerst die, die nur eine Stunde gearbeitet haben. Lohn: Jeder ein Denar. Verwunderung. Unruhe in den hinteren Reihen. Die nächsten. Lohn: Auch ein Denar. Verunsicherung. Steigende Verärgerung. Wieso auch nur ein Denar? Schließlich die, die den ganzen Tag gearbeitet haben. Lohn: Auch ein Denar. Empörung. Scharfer Protest: Wir, die wir den ganzen Tag schwer geschuftet haben – und die da? Antwort des Gutsherrn, die entlarvt: Ist dein Auge neidisch, weil ich gütig bin? Diesen Arbeitern der letzten Stunde steht offenbar die Not voll ins Haus. Den ganzen Tag hindurch haben sie gewartet, ob sie vielleicht doch noch Arbeit bekämen. Alle Möglichkeiten sind verstrichen. Würde man sie jetzt nach ihrer realen Leistung bewerten, dann würde ihnen praktisch immer noch nicht geholfen sein. Gerechtigkeit würde hier ihre Lage nur noch verschärfen. Der Gutsherr erkennt genau: Um Leben zu ermöglichen, um Existenzminimum zu sichern, gibt es nur noch eins: Gütig schenken! [...] Jesus hat immer wieder so von Gott gesprochen. Ja es findet sich in seinen Gleichnissen sogar ganz konkret jener Punkt, an dem er den Menschen gleichsam anpacken möchte, um ihn zur Liebe, zur Barmherzigkeit zu überzeugen. So erzählt Jesus als Beispiel

- von der Liebe eines Vaters (Lukas 15,11–24): Der jüngste Sohn hat sich unter Krach von zu Hause getrennt. Sein ganzes Erbe hat er mitgenommen und ist in die Fremde gezogen. Eines Tages kommt er wieder – total heruntergekommen. Als der Vater von Ferne sieht, wie sein Sohn total abgewrackt ankommt, da zerreißt es ihm das Herz (griechisch: esplagchniste). Er läuft ihm entgegen, fällt ihm um den Hals, holt ihn ins Haus und setzt ihn unter großem Jubel wieder voll in die Rechte eines Sohnes ein;
- von dem Mitleid eines Samariters (Lukas 10,3–35): Ein Mann ist auf einer Straße nach Jerusalem von Räubern überfallen worden.

Sie haben ihn zusammengeschlagen und ausgeraubt. Ein Samariter kommt vorbei. Wie er den armen Kerl halbtot im Staub liegen sieht, da zerreißt es ihm das Herz (esplagchniste!). Er vergisst seine eigene Angst, holt ihn hoch, verbindet ihn und bringt ihn in Sicherheit;

- von der Großherzigkeit eines Königs (Matthäus 18,23–27): Der Hofminister für Finanzen hat seinem König Geld unterschlagen. Die unterschlagene Summe ist so unermesslich groß, dass überhaupt keine Chance besteht, dass das Geld jemals zurückgezahlt werden könnte. Der König ordnet an, ihn und seine ganze Familie in den Schuldturm zu werfen. Der Mann ist ruiniert. Er bricht flehentlich vor dem König zusammen. Da zerreißt es dem König das Herz (esplagchniste!). Er erlässt ihm Schuld und Strafe.

Dreimal dieses esplagchniste – es zerriss ihm das Herz: Gott ist nicht ein Vater; Gott ist, wie dieser Vater mit seinem Sohn gehandelt hat. Gott ist nicht ein Samariter; aber Gott geschieht da, wo ein Mensch wie dieser Samariter Hilfe bringt. Gott ist nicht ein König; aber Gott ist so, wie dieser König Gnade übt. Gott ist nicht Person; Gott ereignet sich zwischen Personen.

Aus: Paul Schulz, s. Anm. 11

Liebe kann sich immer nur in der zwischenmenschlichen Begegnung konkretisieren, zwischen Eltern und Kindern, Mann und Frau, uns und unserem Nächsten usw. Dabei machen wir die Erfahrung, dass geliebt zu werden nicht unser Verdienst ist und zu lieben nicht in unserer Verfügung steht. Mit ihrer Unverdientheit und Unverfügbarkeit transzendiert die Liebe das Einzelwesen und lässt sie uns als göttlich erfahren. So zumindest versteht sie der Glaube. Deshalb ist die denkbar knappste christliche Definition Gottes die im ersten Johannesbrief: »Gott ist Liebe« (1 Joh 4,16b).

5. Das Gebet

Versteht man Gott nicht als Person, sondern als Macht, die sich zwischen Personen ereignet, welchen Sinn hat dann das Gebet, das an ein personales Gegenüber gerichtet ist? Hat es überhaupt einen Sinn?

Als Bitte an ein allmächtig gedachtes Wesen, das dies geschehen lassen und jenes verhindern möge, oder als Dank dafür, dass
dies tatsächlich eingetreten ist, hat es keinen Sinn. Wenn un-
gläubige Menschen beschämt oder belustigt berichten, dass sie
sich in einer scheinbar aussichtslosen Notlage dabei »ertappt«
hätten, Gott um Hilfe angefleht zu haben, so ist dies nicht
Ausdruck eines plötzlichen Gesinnungswandels, sondern des
Bewusstseins völliger Machtlosigkeit. Die Annahme einer jen-
seitigen Macht, die von außen in die Geschicke unseres Lebens
und der Welt eingreift, bleibt einer falsch vermittelten kindlichen
Gottesvorstellung verhaftet. Häufig, etwa da, wo für den Frieden
gebetet wird, kann das Gebet ein Versuch sein, sich aus der
eigenen Verantwortung zu stehlen. Kriege werden von Menschen gemacht, nicht von Gott. Jesus segnet nicht diejenigen, die
für den Frieden beten, sondern diejenigen, die Frieden stiften,
also aktiv etwas für den Frieden tun.

In einer anderen Hinsicht jedoch kann das Gebet für den Menschen sehr wohl eine entlastende Funktion haben. Wer es mit der
christlichen Nächstenliebe ernst meint, zu der ihn die Befreiung
vom Zwang eigener Sinnfindung (reformatorisch: Rechtfertigung; biblisch: Teilhabe am Reich Gottes) befähigen sollte, der
wird sich immer wieder resigniert eingestehen müssen, dass er
diesem Anspruch nicht genügt, dass er seinen Mitmenschen
nicht gerecht wird. Um mit dem Bewusstsein dieses Ungenügens
leben zu können, bedarf der Mensch der Vergebung, die ihm
nicht in jedem Fall durch seine Mitmenschen zuteil wird, in
manchen Fällen auch gar nicht zuteil werden kann. Und selbst
kann man sich nicht entschuldigen. (Das reflexive Verb »sich
entschuldigen« ist irreführend. Von Schuld kann man nur freige-
sprochen werden, nicht sich selbst freisprechen.) Die katholische
Kirche kennt die Einrichtung der individuellen Beichte, in der
der Priester stellvertretend Vergebung gewährt. Dessen bedarf es
jedoch nicht. Im Vaterunser lehrt Jesus uns, Gott als überindi-
viduelle Gnadeninstanz um Vergebung zu bitten: »Vergib uns
unsere Schuld, wie auch wir vergeben unseren Schuldigern«.

Wer nicht unter dem Gefühl leidet, seinen Mitmenschen im
alltäglichen Zusammenleben nicht oder zumindest nicht immer
gerecht zu werden, ist nicht auf Vergebung angewiesen und
braucht folglich auch nicht so etwas wie den christlichen Glau-

ben. Dieser ist, so gesehen, eher etwas für schwache Menschen als für diejenigen, die sich nicht als Geschöpfe, sondern als Schöpfer ihrer selbst begreifen. Solch ein Selbstverständnis birgt jedoch die Gefahr der Selbstüberschätzung. Dieser Gefahr ist nicht nur der Kommunismus erlegen. Bislang sind noch alle Versuche fehlgeschlagen, Feuerbachs Forderung einzulösen, dass der Mensch dem Menschen zum Gott werden müsse; nicht selten haben sie statt zu mehr zu weniger Menschlichkeit geführt.

Ein Gebet sollte man nicht mit Meditation jeglicher Art verwechseln. Sie ist anders als das Gebet nicht nach außen, sondern nach innen gerichtet. Sie dient z.B. dazu, mir über mich selbst Klarheit zu verschaffen oder das Wichtige in meinem Leben zu erkennen und vom Unwichtigen zu unterscheiden.

6. Verantwortlichkeit Gottes (Theodizee)

Man mag denen, die sich aufgrund nicht erhörter Gebete enttäuscht von Gott abwenden, ein naives oder falsches Gottesverständnis vorhalten – weniger leicht lassen sich die Klagen derer abweisen, die angesichts des Ausmaßes an Leiden, Ungerechtigkeit und Bösem in der Welt an Gott verzweifeln. Seit Jahrhunderten artikuliert sich ihre Klage in der Frage »Wie kann Gott das zulassen?«, zumal wir doch, wie der Philosoph Gottfried Wilhelm Leibniz (1646–1716) sagt, in der »besten aller möglichen Welten« leben. So alt wie diese Frage ist das Bemühen von Philosophen und Theologen, eine Antwort darauf zu finden, d.h. Gott zu rechtfertigen, was in der Fachsprache als Theodizee bezeichnet wird.

Man muss allerdings darauf achten, dass Gott nichts angelastet wird, woran er gar keinen Anteil hat. Um Kriege und alle anderen vom Menschen selbst zu verantwortenden Übel kann es also nicht gehen. Zu denken ist vielmehr an Naturkatastrophen, wobei heute auch hier zu prüfen ist, inwieweit sie aufgrund von Eingriffen des Menschen in die Natur mit herbeigeführt sind. Die fast schon regelmäßigen durch Hochwasser verursachten Überschwemmungen z.B. sind nicht selten die Folge von Flussbettbegradigungen. Ob die zunehmende Häufigkeit und Stärke von Stürmen auf eine Klimaveränderung zurückzuführen ist und diese wiederum auf das Verhalten der Menschen, ist noch nicht eindeutig geklärt, ein Zusammenhang jedoch mehr als wahrscheinlich. Unzweifelhaft ist der Mensch für die Abnahme der Ozonschicht und die dadurch verursachte Zunahme an Hautkrebserkrankungen verantwortlich. Dem menschlichen Einfluss entzogen sind dagegen die von Vulkanausbrüchen und Erdbeben ausgelösten Naturgewalten, leider auch deren sichere Vorhersage. Ob sie allerdings zu Katastrophen führen und welches Ausmaß diese annehmen, hängt z.T. wiederum vom Verhalten der Menschen ab, z.B. davon, wie erdbebensicher Gebäude errichtet worden sind.

Bei der Theodizee geht es aber nicht allein um die großen Naturkatastrophen mit zahlreichen Opfern, sondern auch um weniger spektakuläre Einzelschicksale. Wenn etwa einem frommen und gottesfürchtigen Ehepaar der Wunsch nach einem Kind verwehrt bleibt, mag es dies als Gottes Wille akzeptieren. Wenn es in dem Augenblick, wo es sich zu einer Adoption entschlossen hat, doch noch ein eigenes Kind bekommt, wird es dies als Geschenk Gottes ansehen. Wenn ihm dann aber das Kind im Alter von fünf Jahren durch einen Gehirntumor wieder genommen wird, darf man sich nicht wundern, wenn dieses Ehepaar vom Glauben abfällt und Gott fortan für einen Zyniker hält. Wie will man diesem Paar gegenüber Gott rechtfertigen?

Leibniz weist darauf hin, dass auch die vollkommenste aller Welten eine geschaffene und damit endliche Welt ist. Sie kann nicht von der gleichen Vollkommenheit sein wie ihr Schöpfer. Zwischen ihm und dem von ihm Geschaffenen muss notwendigerweise eine Qualitätsdifferenz bestehen, die sich in der Existenz von Leid und Übeln aller Art äußert. Das gilt auch in Hinblick auf den Menschen; wäre er gleich dem Schöpfer, wäre er kein Geschöpf mehr, sondern Gott. Das erklärt die Existenz des Bösen in der Welt, des »moralischen Übels«, wie Leibniz es nennt. Der Mensch ist im Unterschied zu allen anderen seiner Mitgeschöpfe mit der Freiheit begabt, zwischen alternativen Handlungsmöglichkeiten entscheiden zu können, und damit den Risiken dieser Freiheit ausgesetzt, denen er als geschaffenes und somit unvollkommenes Wesen zwangsläufig erliegen muss.

Schließlich darf an die obigen Ausführungen erinnert werden, wonach Gott nicht als Person vorzustellen ist, die in das Schicksal von Individuen oder der Welt insgesamt von außen eingreift; vielmehr ereignet er sich in der progressiven Evolution eines unaufhörlichen Prozesses von entstehendem und vergehendem Leben. Aber, so mag unser Ehepaar einwenden, ereignet sich Gott nicht gleichermaßen auch im Lieben? Wie steht es damit in ihrem Fall?

Das Christentum ist die einzige Religion, die jemanden als Sohn Gottes verehrt, der die Qualen einer Kreuzigung bis zum Tod durchlitten hat. Damit hat Gott in der Person Jesu teil am menschlichen Leid, hat sich Gott in Jesus mit dem leidenden Menschen solidarisch erklärt. Solidarität schafft das Leid nicht aus der Welt, hilft jedoch, es erträglich zu machen. Nicht mehr, aber auch nicht weniger hat das Christentum als Antwort auf die Frage nach der Theodizee zu bieten.

Kirche – Gemeinschaft der Gläubigen

1. Von der jüdischen Sekte zur eigenständigen Religion

Die Entstehung der christlichen Kirche lässt sich historisch erklären, biblisch begründen lässt sie sich nicht, auch wenn sich die katholische Kirche gern auf einen Vers des Matthäusevangeliums beruft: »Du bist Petrus, und auf diesen Fels will ich meine Kirche bauen.« (Mt 16,18) Dieser Jesus in den Mund gelegte Ausspruch ist jedoch kein echtes Jesuswort. Das in diesem Vers mit Kirche übersetzte griechische Wort *ekklesia* bedeutet wörtlich »die Herausgerufenen«, womit diejenigen gemeint sind, die von Jesus aus ihren gesellschaftlichen Beziehungen und persönlichen Bindungen herausgerufen werden, um eine neue Gemeinschaft zu bilden. Statt von *ekklesia* könnte das deutsche Wort Kirche aber auch von dem griechischen Wort *kyriakos* abgeleitet sein, das mit »zum Herrn gehörig« übersetzt werden kann und somit ebenfalls die Gemeinde derer bezeichnet, die sich zu Jesus als Messias* bekennen.

Der eigentliche Name des von Jesus nur an dieser Stelle mit Petrus angeredeten Jüngers lautet Simon. Den Beinamen Petrus hat er als Führer der Urgemeinde erst nach Ostern erhalten. Er geht auf das griechische Wort *petra* zurück, das Fels bedeutet. Der nur im Matthäusevangelium überlieferte Vers 16,18 spielt also mit der doppelten Bedeutung von Petrus als Name und als Fels, was Griechischkenntnisse voraussetzt, die für Jesus nicht nachzuweisen und eher unwahrscheinlich sind. Zudem denkt jemand, der wie Jesus das Ende der Welt gekommen sieht, wohl kaum daran, eine Kirche zu gründen. Natürlich hatte später die Kirche ein Interesse daran, ihre Gründung auf Jesus zurückzuführen.

Wenn die von Paulus 1 Kor 15,3–5 zitierte Überlieferung zutrifft, woran zu zweifeln kein Anlass besteht, dann darf man Petrus als den ersten Christen ansehen, da er als Erster das Bekenntnis zur Auferstehung Jesu ablegte. Das prädestinierte ihn zum Führer der Urgemeinde, deren Leitung er jedoch nicht lange innehatte. Er wurde von Jakobus, Jesu Bruder, abgelöst, der zu Jesu Lebzeiten nicht zu dessen Anhängern gehörte. Vermutlich ist ihm aufgrund der engen verwandtschaftlichen Beziehung zu Jesus die Leitung der Gemeinde übertragen worden. Jakobus erhielt den Beinamen »der Gerechte«, der auf seine strikte Einhaltung der jüdischen Gesetze anspielt. Auch die anderen Apostel und Mitglieder der Urgemeinde besuchten weiterhin die Synagoge und hielten sich an die religiösen Vorschriften des Judentums. Das heißt, sie verstanden sich als Juden, die sich allerdings durch ihr Bekenntnis zu Jesus als Messias* von allen anderen Juden unterschieden.

Darüber hinaus übernahmen sie, da Jesus sich von Johannes hatte taufen lassen, die Taufe als Aufnahmeritus in ihre Gemeinschaft und pflegten in Erinnerung an das letzte gemeinsame Mahl Jesu mit seinen Jüngern die Abendmahlsgemeinschaft. Beide Riten haben sich bis heute als Sakramente* in den christlichen Kirchen erhalten. Trotz dieser Eigenheiten bildete die Urgemeinde eine der zahlreichen jüdischen Sekten, die es zu jener Zeit in Israel gab. Das änderte sich erst mit dem Auftreten des Apostels Paulus.

Nach 14-jähriger Missionstätigkeit begab sich Paulus zum zweiten Mal nach seiner Bekehrung nach Jerusalem, vordergründig, um das für die Jerusalemer Gemeinde gesammelte Geld abzuliefern. Eigentlich jedoch suchte er die Auseinandersetzung mit den angestammten Aposteln. Dafür spricht, dass er seinen nicht jüdischen und somit nicht beschnittenen Begleiter Titus zu der als »Apostelkonzil« bezeichneten Zusammenkunft mitbrachte. Paulus musste klar sein, dass er damit die Jerusalemer Apostel provozierte, und der kalkulierte Eklat ließ nicht auf sich warten. An der Frage der Beschneidung entzündete sich der Streit darüber, ob bekehrte »Heiden« die jüdischen Religionsvorschriften und damit auch die Beschneidung übernehmen müssen, wie die Jerusalemer Apostel forderten. Paulus lehnte das ab und setzte sich mit seiner Auffassung durch. Von da an war es möglich, ohne den Umweg über das Judentum Christ zu werden. Damit hatte das Christentum den Schritt von einer jüdischen Sekte zu einer eigenständigen Religion vollzogen, als deren Gründer, wenn man so will, Paulus gelten kann.

2. Von der verfolgten zur privilegierten Religion

Die Christen litten von Anfang an unter Verfolgungen, zunächst die Judenchristen durch die Juden, wobei sich Paulus nach eigner Aussage (Gal 1,13–14) bis zu seiner Bekehrung besonders hervortat, später die Heidenchristen fast drei Jahrhunderte hindurch durch die Römer, allerdings nicht permanent und auch nicht immer im gesamten Reich. Die erste Verfolgung unter Nero im Jahre 64 z.B. beschränkte sich auf das Stadtgebiet von Rom. Die weiteren Verfolgungen brachen in Wellen über die Christen herein, sodass Zeiten der Verfolgung mit solchen der Duldung wechselten. Auch kann man in den ersten beiden Jahrhunderten nicht von einer systematischen Verfolgung sprechen. Die römischen Behörden gingen nicht von sich aus gegen Christen vor, sondern nur dann, wenn diese angezeigt wurden.

Rom hatte kein Interesse daran, Christen umzubringen, es war vielmehr bestrebt, sie für den Staat zu gewinnen, dem sich die Christen weitgehend verweigerten. Weder übernahmen sie öffentliche Ämter noch dienten sie im Heer. Das mag Roms Vorgehen gegen die Christen erklären, denn die Strategie, mit der Rom sein Weltreich über Jahrhunderte erfolgreich zusammengehalten hatte, bestand gerade darin, den unterworfenen Völkern weitgehende kulturelle und religiöse Freiheit zu lassen, solange sie die römischen Götter und den Kaiser als göttlich anerkannten. Damit freilich hatten polytheistische* Religionen weniger Schwierigkeiten als monotheistische* wie die der Juden und Christen.

Die Lage verschärfte sich, als das römische Reich gegen Ende des zweiten Jahrhunderts erste Auflösungserscheinungen zeigte. Die römischen Herrscher reagierten darauf, wie fast alle Großreiche in solch einer Situation, mit verstärktem Zentralismus, in den auch die Religion einbezogen wurde. Unter Diokletian (284–305) wurden die Missachtung des Kaiserkults und die Weigerung der Christen, dem Kaiser zu opfern, nun systematisch verfolgt und unnachgiebig bestraft. Dies strenge Vorgehen entsprang nicht einer besonderen Abneigung gegen die christliche Religion, sondern hatte den politischen Grund, das Auseinanderbrechen des Reiches zu verhindern. Doch der Versuch, die Christen auszurotten, blieb erfolglos.

Als Kaiser Konstantin (306–337) im Jahre 312 die Alleinherrschaft in den weströmischen Provinzen errungen hatte, schlug er gegenüber den Christen eine andere Taktik ein als seine Vorgänger, ohne damit jedoch ein anderes politisches Ziel zu verfolgen. Auch ihm ging es um den Zusammenhalt des Reiches und auch er hielt dafür eine einheitliche Religion für unerlässlich. Nur zog er aus dem über 200-jährigen vergeblichen Bemühen seiner Vorgänger, das Christentum auszurotten, eine neue Konsequenz: Wenn die religiöse Einheit nicht *gegen* die Christen durchzusetzen war, musste sie eben *mit* ihnen erreicht werden.

Wie innerlich fremd der Kaiser (der sich erst auf dem Sterbebett taufen ließ) dem Christentum gleichwohl gegenüberstand, verdeutlicht eine Anekdote, nach der er in die Entscheidungsschlacht gegen seinen Mitkaiser Maxentius mit dem Christusmonogramm[12] als Feldzeichen gezogen sei. Sein Sieg habe ihn für den Christengott eingenommen.

Von einer offiziellen Bevorzugung der christlichen Religion kann zunächst noch keine Rede sein. In dem berühmten »Mailänder Edikt«, das Konstantin 313 mit Licinius, dem Herrscher über die oströmischen Provinzen, schloss und das unter der Bezeichnung »Konstantinische Wende« eins der zentralen Daten der Kirchengeschichte markiert, wird den Christen lediglich freie Religionsausübung und Schadenersatz für frühere Enteignungen gewährt. Staatsreligion wurde das Christentum erst unter Kaiser Theodosius (379–395). Aber bereits Jahrzehnte vorher (346) ordnete ein Edikt des oströmischen Kaisers Konstantius II. (317–361) die Schließung aller den ehemals römischen Göttern geweihten Tempel an und verbot unter Androhung der Todesstrafe, diesen zu opfern. Was früher den Christen widerfahren war, widerfuhr nun den Anhängern der anderen Religionen.

So erfreulich die Konstantinische Wende für das Christentum war, das sich nun ungehindert entfalten konnte – sie hatte auch eine Kehrseite. Die Zugehörigkeit zur christlichen Kirche bildete nun die Voraussetzung für viele berufliche Karrieren, z.B. in der Armee oder im Staatsdienst. Das führte zu einem sprunghaften Anwachsen der christlichen Gemeinden, wobei sich viele »Heiden« nicht aus Überzeugung, sondern aus reinem Opportunismus

---

12 Das Feldzeichen bestand aus den beiden griech. Buchstaben Chi/Rho: ☧

taufen ließen, innerlich jedoch weiter ihren alten Göttern anhingen. Das konnte für die Entwicklung des Christentums nicht ohne Auswirkungen bleiben. Unter der Oberfläche äußerlicher Christlichkeit lebten heidnische Überzeugungen und Riten fort. Nur schwer mitvollziehen konnten die Bürger des römischen Reichs den Tausch ihrer zahlreichen Götter mit deren unterschiedlichen Zuständigkeiten gegen den einen Christengott. In Gestalt der Heiligen, die ebenfalls für unterschiedliche Lebenslagen zuständig sind und um Schutz und Hilfe angefleht werden können, schaffte man sich mit der Zeit einen Ersatz. Was man im Christentum vor allem vermisste, war eine weibliche Gottheit. Dieser Sehnsucht dürfte die Gottesmutter Maria ihren Aufstieg in der christlichen Kirche zu verdanken haben. Wie dünn der christliche Firnis über den heidnischen Kulten war, zeigt der Name einer Kirche in Rom, die bis auf den heutigen Tag »Maria sopra Minerva« heißt. Der altrömischen Göttin Minerva wurde die christliche Maria einfach «über«-gestülpt; wo man früher zur Göttin Minerva gebetet hatte, betete man nun zur Jungfrau Maria. Mit der faktischen Zwangschristianisierung fanden auch andere heidnische Bräuche Eingang in das Christentum und haben sich z.T. bis heute gehalten. Man denke nur an das Besprenkeln von Gebäuden oder Gegenständen aller Art mit Weihwasser.

3. Von der Bischofskirche zur Papstkirche

Alle christlichen Gemeinden im römischen Reich waren ursprünglich selbstständig und wurden von einem von der Gemeinde gewählten Bischof geleitet; das erklärt die auch heute noch relativ große Dichte von Bischofssitzen in Italien. Das Bischofsamt war zunächst das einzige Amt, das es in der Gemeinde gab. Gelegentlich trafen sich die Bischöfe benachbarter Gemeinden, um sich in Fragen der Gemeindeführung zu beraten und abzusprechen. Mit der Zeit wurden diese sporadischen, nach Bedarf abgehaltenen Zusammenkünfte zu einer festen Einrichtung. Man kam in regelmäßigen Abständen zu so genannten regionalen Bischofssynoden zusammen. Schon bald ging das Recht der Gemeinden, sich ihren Bischof zu wählen, auf diese Synoden über.

Seitdem das Christentum zur Staatsreligion erklärt worden
war, stand es unter dem Schutz der Staatsmacht, die sich so
lange nicht in dessen innere Angelegenheiten einmischte, wie es
nach außen Geschlossenheit zeigte und eine einheitliche Lehre
vertrat. Doch noch unter Kaiser Konstantin entbrannte in der
Christenheit ein heftiger Streit darüber, ob Jesus mit Gott
wesensgleich oder nur wesensähnlich sei. Da griff Konstantin
ein und beorderte im Jahre 325 alle Bischöfe des Reichs in seine
Sommerresidenz nach Nicäa. Die Bischöfe reisten auf Staatskos-
ten zu dieser ersten Reichssynode und waren für deren Dauer
Gäste des Kaisers. Nicht ein Bischof, sondern der Kaiser leitete
die Synode, bestimmte die Tagesordnung und sprach, als die
Bischöfe sich nach fünf Tagen immer noch nicht geeinigt hatten,
ein Machtwort, indem er Jesus für wesensgleich mit Gott erklärte.
Dazu werden ihn weniger theologische Argumente bewogen
haben als die Entschlossenheit, eine Spaltung der Christenheit zu
verhindern. Die Religion hatte eine den Staat stabilisierende
Funktion zu erfüllen.

Dass die Kirche eine solche Vereinnahmung durch den Staat
nicht ohne weiteres hinzunehmen bereit war, zeigt ein Ereignis,
das sich im Jahre 388 ereignet hat. Christliche Mönche hatten
mit Billigung des Bischofs von Kallinikum, einer Stadt im
äußersten Osten des Reiches, die dortige Synagoge in Brand
gesteckt. Kaiser Theodosius verfügte den Wiederaufbau der
Synagoge auf Kosten der Brandstifter. Dagegen legte Bischof
Ambrosius von Mailand Protest ein. Während eines Gottesdiens-
tes, bei dem der Kaiser anwesend war, forderte er diesen auf,
seinen Befehl zurückzunehmen, was dieser zunächst ablehnte.
Als Ambrosius sich daraufhin weigerte, das Messopfer darzu-
bringen, gab der Kaiser nach und widerrief seinen Befehl. Dieser
Vorfall zeigt neben dem Selbstbewusstsein und dem Mut des
Bischofs leider auch, wie früh sich in der Christenheit Hass auf
die Juden breit machte und dass er von Kirchenführern gebilligt
wurde.

Das Verhalten Kaiser Konstantins auf dem Konzil von Nicäa
auf der einen und das des Bischofs Ambrosius in Mailand auf
der anderen Seite sind Beispiele für den beginnenden Machtkampf zwischen Staat und Kirche, der zu einem der beherr-
schenden politischen Themen des gesamten Mittelalters wurde

und im so genannten Investiturstreit seinen Höhepunkt fand. In diesem Streit ging es um die Frage, ob es dem Kaiser oder dem Papst zustehe, Bischöfe einzusetzen, die neben ihrer geistlichen inzwischen auch eine erhebliche weltliche Macht ausübten.

Das Amt des Papstes ist aus dem des Bischofs von Rom hervorgegangen. Bis zum Ende des vierten Jahrhunderts hatte dieser nicht mehr Bedeutung und Ansehen als die Bischöfe anderer Metropolen, wie Mailand, Karthago, Alexandria, Antiochia und natürlich Jerusalem. Die Bischöfe dieser Städte hätten nicht im Traum daran gedacht, ihrem römischen Kollegen eine Vormachtstellung einzuräumen. Schließlich haben einige dieser Städte bedeutende Kirchenväter hervorgebracht. Auf Dauer war der Machtkampf mit dem Staat jedoch nur zu gewinnen, wenn die Kirche dem Staatsführer, dem Kaiser, auf ihrer Seite einen gleich mächtigen Kirchenführer entgegenstellte. Da Rom Hauptstadt des Reiches und Sitz des Kaiser war, erschien der Bischof von Rom für dessen kirchlichen Gegenpart prädestiniert. Gleichwohl hat sich die Anerkennung des Führungsanspruchs des Bischofs von Rom als Papst durch die Bischöfe des gesamten Reiches über einen langen Zeitraum hingezogen. Auch heute noch gibt es in der katholischen Kirche eine nicht zu unterschätzende Sympathie für eine Stärkung der Stellung der Bischöfe gegenüber dem Papst.

In dem Maße, in dem west- und oströmisches Reich politisch auseinanderdrifteten, setzte auch zwischen den Kirchen beider Reichsteile eine wachsende Entfremdung ein, die schließlich im Jahre 1054 zu der Spaltung in die römisch-katholische und die orthodoxe Kirche führte, welche sich später in die griechisch und die russisch orthodoxe Kirche weiter unterteilte. Da die Entwicklung der christlichen Kirche im oströmischen Reich einen in mancher Hinsicht konträren Verlauf zu der im Westen nahm, hat man hier den in der Geschichte nicht gerade häufigen Fall, zwei von einem gemeinsamen Punkt ausgehende, parallel verlaufende alternative Entwicklungen beobachten zu können, sodass die von der Geschichtswissenschaft häufig als spekulativ verpönte Frage »Was wäre gewesen, wenn ...« hier tatsächlich einmal eine Antwort findet.

Die Patriarchen genannten Bischöfe im Osten, selbst die so bedeutender Städte wie Alexandria, Antiochia oder Konstantinopel, ordneten sich widerspruchslos der politischen Macht unter und machten sich so vom Staat abhängig. Das sicherte ihnen andererseits eine weitgehende Freiheit in der Organisation und Regelung ihrer inneren Angelegenheiten.

Den Preis, den die katholische Kirche für ihr Streben nach Unabhängigkeit vom Staat und ihren politischen Anspruch zahlte, war die innere Unfreiheit, waren eine autoritäre Struktur und eine strenge Hierarchie. Beides kennzeichnet die katholische Kirche bis auf den heutigen Tag. Innere *und* zugleich äußere Freiheit war für die Kirchen unter den historischen Bedingungen nicht zu erreichen. Jahrhunderte später hatte die evangelische Kirche unter ähnlichen, durch die historische Situation bedingten Geburtsfehlern zu leiden.

4. Die Reformation

Martin Luthers Reformation von 1517 kam nicht wie ein Blitz aus heiterem Himmel. Schon lange vorher waren die Klagen über die Kirche und der Ruf nach Reformen unüberhörbar. Anstoß erregte das Verhalten der Päpste, die sich wie weltliche Fürsten gebärdeten und sich mehr um ihre Macht kümmerten als um die geistliche Führung der Christenheit – wofür sie zudem häufig die notwendige Bildung und charakterliche Integrität vermissen ließen. Solche Fehlbesetzungen gab es auch bei Bischöfen und Priestern.

Nicht weniger Anstoß nahm man an den von der Kirche angehäuften Reichtümern und ihren Verwendungszwecken – u.a. für Prachtbauten wie den Petersdom in Rom. Nicht zuletzt gegen den Reichtum der Kirche und die Prunksucht ihrer Würdenträger richteten sich bereits im Hochmittelalter die Gründungen von Mönchsorden, die sich als Bettelorden verstanden und ihre Mitglieder zu besonderer Armut verpflichteten, wie die Franziskaner – während es ältere Orden, wie der der Benediktiner, mit den Mönchsgelübden Armut, Keuschheit, Gehorsam längst nicht mehr so genau nahmen. Darüber hinaus gab es in ganz Europa immer wieder einzelne Männer, die von der Kirche eine striktere Orientierung an der Bibel einforderten und die man gewissermaßen als Vorläufer Luthers ansehen kann. Dazu gehören Petrus Waldus (gest. 1228) aus Frankreich, John Wiclif (1318–1384) aus England, Johannes Hus (um 1370–1415) aus Böhmen und Girolamo Savonarola (1452–1494) aus Italien. Sie alle sind am Widerstand der Kirche gescheitert. Doch gegen Ende des Mittelalters war die Zeit reif für eine Reform – wie reif, das zeigt sich daran, dass neben Luther mit Ulrich Zwingli (1484–1531) und Johannes Calvin (1509–1564) in der Schweiz zwei weitere Reformatoren wirkten, auf die sich heute die reformierten Gemeinden innerhalb der evangelischen Kirche berufen.

Unausrottbar scheint die Legende, nach der Martin Luther aufgrund eines Gelübdes, das er nach einem dicht neben ihm eingeschlagenen Gewitterblitz abgelegt habe, Mönch geworden sei. Selbst wenn dies den letzten Anstoß zu seinem Schritt gegeben haben sollte, lag die eigentliche und tiefere Ursache, die ihn das unbekümmerte Studentenleben mit dem eines Mönches tauschen ließ, in etwas ganz anderem, nämlich in der Sorge um sein Seelenheil. Wie alle Menschen des ausgehenden Mittelalters wurde er von der Frage umgetrieben, ob er nach seinem Tod vor Gottes Urteil bestehen würde, nur bedrängte ihn diese Frage offenbar noch stärker als die meisten seiner Zeitgenossen. Als Mönch hoffte er, ein gottgefälligeres Leben führen zu können als in dem weltlichen Beruf eines Juristen, den sein Vater für ihn vorgesehen hatte. Nach seiner Priesterweihe wurde Luther Theologieprofessor in Wittenberg.

Der Ablasshandel und die dazu von Luther in lateinischer Sprache verfassten 95 Thesen, die, wie damals üblich, als Grundlage für eine gelehrte Disputation gedacht waren, bildeten den mehr oder weniger zufälligen Anlass für Luthers Kontroverse mit der katholischen Kirche; die eigentliche und tiefere Ursache lag auch hier wieder ganz woanders. Gegen einen vorschriftgemäßen Ablass hätte Luther womöglich gar nichts einzuwenden gehabt. In der 31. These heißt es, dass »in gerechter Weise Ablass« gekauft werden könne, dies jedoch »äußerst selten« geschehe. Luthers Zorn erregte zunächst nur der Missbrauch, der mit dem Ablass getrieben und durch Predigten geschäftstüchtiger Ablassbriefverkäufer wie Tetzel ausgelöst wurde. Mit seiner Kritik glaubte Luther zu Recht, die wahre katholische Lehre zu vertreten.

Der Ablass war ein Glied in der Kette des Prozesses, der nach dem Begehen einer Sünde vorgesehen war und zu deren Absolution führte; genau genommen war er nur ein Ersatzglied, nämlich die Ersatzleistung für eine auferlegte Buße, eine Wallfahrt, die jemand etwa aufgrund eines körperlichen Gebrechens nicht antreten konnte. Der korrekte Ablauf dieses Prozesses lässt sich so darstellen:

Abb. 14: Korrekter Einsatz des Ablasses

Dieser Ablauf wurde von den Ablasspredigern nicht nur verändert und verkürzt, sondern Ablass auch für die Seelen Verstorbener im Fegefeuer angeboten:

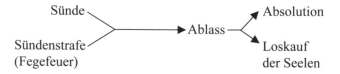

Abb. 15: Unzulässiger Einsatz des Ablasses

Zu dieser Praxis, bei der von Reue überhaupt keine Rede mehr ist, bemerkt Luther in seinen 95 Thesen:

27. Menschenlehre predigen die, die sagen: Wenn die Münze im Kasten klingt, fliegt die Seele sogleich aus dem Fegefeuer empor.

35. Unchristlich predigen die, die lehren, zum Loskauf von Seelen oder zum Erwerb von Beichtprivilegien sei überhaupt keine Reue nötig.

Zum Zeitpunkt der Abfassung seiner Thesen hätte Luther nicht im Traum daran gedacht, dass sie zum Bruch mit der katholischen Kirche führen würden. Und doch war dieser bereits darin angelegt, auch wenn sich Luther dessen vielleicht nicht bewusst war.

36. Jeder Christ, der wahre Reue empfindet, hat vollkommenen Nachlass von Strafe und Schuld, auch ohne Ablassbriefe.

Denkt man die These, nach der »wahre Reue« keiner zusätz-
lichen von der Kirche auferlegten Buße bedarf, konsequent zu
Ende, so vergibt Gott selbst dem reuigen Sünder, und zwar ohne
Vermittlung durch einen Priester oder den Papst und damit ohne
Vermittlung der Kirche, deren Stellung dadurch in ihren Grund-
festen erschüttert wurde. Wie Luther zu seiner umstürzenden
Erkenntnis gelangt ist, kann man nicht besser beschreiben, als er
es selbst in seiner Vorrede zum ersten Band der Wittenberger
Ausgabe der lateinischen Schriften (1545) im Rückblick getan
hat.

Ein ganz ungewöhnlich brennendes Verlangen hatte mich gepackt,
Paulus im Römerbrief zu verstehen; aber nicht Kaltherzigkeit hatte mir
bis dahin im Wege gestanden, sondern ein einziges Wort, das im ersten
Kapitel steht: »Gottes Gerechtigkeit wird darin offenbart.« (Röm. 1,17)
Denn ich hasste diese Vokabel »Gerechtigkeit Gottes«, die ich durch die
übliche Verwendung bei allen Lehrern gelehrt war philosophisch zu
verstehen von der sogenannten formalen oder aktiven Gerechtigkeit,
mittels derer Gott gerecht ist und die Sünder und Ungerechten straft.
Ich aber, der ich, so untadelig ich auch als Mönch lebte, vor Gott mich
als Sünder von unruhigstem Gewissen fühlte und mich nicht darauf
verlassen konnte, dass ich durch meine Genugtuung versöhnt sei, liebte
nicht, nein, hasste den gerechten und die Sünder strafenden Gott und
war im Stillen, wenn nicht mit Lästerung, so doch allerdings mit unge-
heurem Murren empört über Gott: Als ob es wahrhaftig damit nicht
genug sei, dass die elenden und infolge der Erbsünde auf ewig verlorenen
Sünder mit lauter Unheil zu Boden geworfen sind durch das Gesetz der
zehn Gebote, vielmehr Gott durch das Evangelium zum Schmerz noch
Schmerz hinzufüge und auch durch das Evangelium uns mit seiner
Gerechtigkeit und seinem Zorn bedrohe. So raste ich wilden und
wirren Gewissens; dennoch klopfte ich beharrlich an eben dieser Stelle
bei Paulus an mit glühend heißem Durst, zu erfahren, was St. Paulus
wolle.
Bis ich, dank Gottes Erbarmen, unablässig Tag und Nacht darüber nach-
denkend, auf den Zusammenhang der Worte aufmerksam wurde, nämlich: »Gottes Gerechtigkeit wird darin offenbart, wie geschrieben steht:
Der Gerechte lebt aus Glauben.« Da begann ich, die Gerechtigkeit Gottes
zu verstehen als die, durch die als durch Gottes Geschenk der Gerechte
lebt, nämlich aus Glauben, und dass dies der Sinn sei: Durch das Evangelium werde Gottes Gerechtigkeit offenbart, nämlich die passive, durch
die uns der barmherzige Gott gerecht macht durch den Glauben, wie
geschrieben ist: »Der Gerechte lebt aus Glauben.« Da hatte ich das Emp-

finden, ich sei geradezu von neuem geboren und durch geöffnete Tore in das Paradies selbst eingetreten. Da zeigte mir sofort die ganze Schrift ein anderes Gesicht. Ich durchlief dann die Schrift nach dem Gedächtnis und sammelte entsprechende Vorkommen auch bei anderen Vokabeln: z.B. Werk Gottes, das heißt: was Gott in uns wirkt; Kraft Gottes, durch die er uns kräftig macht, Weisheit Gottes, durch die er uns weise macht, Stärke Gottes, Heil Gottes, Herrlichkeit Gottes.

Wie sehr ich vorher die Vokabel »Gerechtigkeit Gottes« gehasst hatte, so pries ich sie nun mit entsprechend großer Liebe als das mir süßeste Wort. So ist mir diese Paulus-Stelle wahrhaftig das Tor zum Paradies gewesen.

Aus: Martin Luther, Ausgewählte Schriften, hrsg. von K. Bornkamm und G. Ebeling, Bd. I: Aufbruch zur Reformation, Frankfurt/M. 1982, S. 22–24

Was Luther hier so anschaulich beschreibt, ist das, was man den »reformatorischen Durchbruch« oder – nach seiner Studierstube im Wittenberger Kloster – »das Turmerlebnis« genannt hat. In der Tat lässt sich die Reformation in ihrem Kern auf das neue Verständnis der zwei Wörter »Gottes Gerechtigkeit« reduzieren. Daraus folgt Luthers Rechtfertigungslehre, nach der der Mensch ohne eigene Werke allein aus Gnade (»sola gratia«) von Gott als gerecht angesehen wird. Auch wenn es in den letzten Jahren zwischen katholischer und evangelischer Kirche im Verständnis der Rechtfertigung zu einer gewissen Annäherung gekommen ist, liegt hier nach wie vor die eigentliche Differenz zwischen beiden christlichen Auffassungen.

Wenn am Ende des zweiten Teils von Goethes »Faust« der Engel, »Faustens Unsterbliches tragend«, verkündet: »Wer immer strebend sich bemüht, den können wir erlösen«, so ist dies gut katholisch. Dem Menschen in seiner Gottebenbildlichkeit wird zugetraut und deshalb auch zugemutet, selbst einen Beitrag zu seiner Erlösung zu leisten, und sei dieser im Verhältnis zu Gottes Gnade und Jesu Sühnetod auch noch so gering. Luthers Menschenbild ist dem gegenüber weitaus pessimistischer. Für ihn hat durch die Erbsünde das Verhältnis von Gott und Mensch nicht nur einen tiefen Riss erhalten, sondern sie hat zu einer durchgängigen und vollständigen Entzweiung zwischen beiden geführt, die nur einseitig von Gott aus überwunden werden kann.

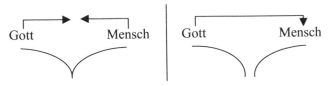

Abb. 16: Katholische und reformatorische Sicht der Beziehung von Gott und Mensch

5. Entstehung der evangelischen Landeskirchen

Als Luther klar geworden war, dass sein Verständnis des christlichen Glaubens auf eine Spaltung der Kirche hinauslief, zögerte er nicht, diese entschieden zu betreiben, und war in der Verurteilung des Papstes und alles Katholischen (übrigens auch alles Jüdischen) nicht gerade zimperlich. Wie aber sollte eine neue Kirche, die sich nicht mehr als Mittlerin zwischen Gott und Mensch verstand, organisiert werden, was an die Stelle der alten Strukturen und Hierarchien treten? Wer sollte die Verfügungsgewalt über das erhebliche Kirchenvermögen erhalten? Die Klöster z.B. besaßen in der Regel große Ländereien. Da nach der neuen Lehre das asketische Leben als Mönch oder Nonne keinen Vorteil für das jenseitige Seelenheil brachte, verließen diese scharenweise die Klöster. (Eine entlaufene Nonne, Katharina von Bora, wurde später Luthers Frau.) Wenn, was zu befürchten stand, der örtliche Adel die verlassenen Klöster mit ihren Ländereien seinem Besitz einverleibte, waren sie für die Kirche verloren. Wenn es zudem nicht gelang, der neuen Kirche den Charakter einer Volkskirche zu erhalten, wäre sie von vorn herein dazu verurteilt gewesen, das Dasein einer Sekte zu fristen.

Als dann noch Anhänger Luthers während dessen Zwangsaufenthalt auf der Wartburg versuchten, die neue Lehre in eine radikale (Karlstadt*) und sozialrevolutionäre (Thomas Münzer*) Richtung zu lenken, sah Luther keine andere Möglichkeit, als den Kurfürsten Johann den Beständigen zu bitten, die Neuorganisation der Kirche in die Hand zu nehmen. Das war zweifellos keine ideale Lösung. Doch wer außer dem Staat verfügte über die Macht, über die »logistischen« und die anderen notwendigen Mittel, um die angesprochenen Probleme zu lösen?

Luther konnte sich darauf verlassen, dass Kurfürst Johann der Beständige ebenso, wie dessen Bruder und früherer Mitregent Friedrich der Weise es getan hatte, die Reformation in seinem Kurfürstentum Sachsen unterstützte. Ob die kurfürstliche Sympathie mit der Reformation allein ihrer Lehre galt, darf allerdings bezweifelt werden. Ein mindestens ebenso starkes Motiv dürfte die Aussicht gewesen sein, die eigene Machtposition auf Kosten des Kaisers zu stärken, eine Strategie, die damals mehr oder weniger alle Landesherren in Deutschland verfolgten. Friedrich der Weise wusste genau, warum er die ihm angebotene Kaiserkrone abgelehnt hatte. Fraglich erscheint aber auch, ob Luther ohne die Rückendeckung durch seinen Kurfürsten der Vorladung zum Reichstag nach Worms gefolgt und dort so aufgetreten wäre, wie er es getan hat. Denn dass ohne Widerrufung seiner Schriften nach dem päpstlichen Bann auch die Reichsacht über ihn verhängt werden würde, darüber konnte Luther keinen Augenblick im Zweifel sein. Und um zu wissen, was das ihm vom Kaiser zugesicherte freie Geleit wert war, brauchte er sich nur an Johannes Hus zu erinnern, den gut hundert Jahre zuvor das freie Geleit zum und vom Reichstag zu Konstanz nicht vor dem Scheiterhaufen bewahrt hatte. Da auch Friedrich der Weise dem Kaiser nicht über den Weg traute, ließ er Luther auf der Rückreise von Worms kidnappen und auf die Wartburg bringen, wo er ihn fast ein Jahr lang versteckt hielt.

Sicher war es naiv von Luther anzunehmen, der Kurfürst würde sich aus rein christlicher Gesinnung der Neuordnung der Kirche annehmen, ohne auf deren Gestalt Einfluss zu nehmen. Die Verwaltung der Kirche, die Berufung von Geistlichen und die Überwachung der rechten Verkündigung oblag nun vom Kurfürsten eingesetzten Beamten. Noch bis zum Ende des Ersten Weltkriegs stand an der Spitze der staatlichen Kirchenbehörde kein Theologe, sondern ein Jurist.

Allerdings sah auch Luther die dringende Notwendigkeit, den theologischen Kenntnisstand der Pfarrer einer Überprüfung zu unterziehen. So genannte Kirchenvisitationen gibt es in der evangelischen Kirche auch heute noch. Was Luther und die anderen Visitatoren zu sehen bekamen, war oft hanebüchen. Teilweise verfügten die Pfarrer nicht einmal über solide Bibelkenntnisse, von ihrem Lebenswandel ganz zu schweigen. Da Pfarrstellen in der Regel eine reiche Pfründe darstellten, waren sie äußerst begehrt. Bei ihrer Vergabe spielten in vorreformatorischer Zeit häufig gute Beziehungen, Vetternwirtschaft und Bestechung eine größere Rolle als die berufliche Befähigung und der untadelige Lebenswandel der Kandidaten.

Zur Beseitigung der theologischen Defizite verfasste Luther den Großen Katechismus für Pfarrer und den Kleinen, um den Kenntnisstand der Gemeinde zu verbessern. Letztlich jedoch war ein selbstständiger Glaube, wie Luther ihn von allen Christen forderte, ohne eigene Bibellektüre nicht möglich. Deshalb übersetzte Luther die Bibel ins Deutsche, womit er einen wichtigen Beitrag nicht nur zur Verbreitung des reformatorischen Glaubensverständnisses, sondern auch zur Entstehung einer einheitlichen deutschen Sprache leistete. Die beste Übersetzung nutzt freilich nichts, wenn ein Großteil der Bevölkerung nicht lesen kann. Deshalb legte Luther seinem Kurfürsten die Errichtung von Schulen und die Einführung der allgemeinen Schulpflicht ans Herz.

Natürlich schlossen sich nicht alle Landesherren und reichsfreien Städte in Deutschland der neuen Lehre an, die weiterhin vom Kaiser und selbstverständlich vom Papst bekämpft wurde. Deren Anerkennung erreichten die Reichsstände erst nahezu zehn Jahre nach Luthers Tod mit dem Augsburger Religionsfrieden von 1555. Sein Ergebnis wurde in die berühmte Formel gefasst: »Cuis regio, eius religio« (der Herrscher bestimmt die Religion). Danach hatte die Bevölkerung nur die Wahl, entweder die Konfession ihres Landesherren anzunehmen oder dorthin auszuwandern, wo die eigene Konfession herrschte. Der Augsburger Religionsfrieden führte nicht nur zu einer Zersplitterung der evangelischen Kirche in viele selbstständige Kirchenregionen, wie wir sie heute noch kennen, sondern zu dem ebenfalls heute noch bestehenden Nord-Süd-Gefälle, nicht allein in Deutschland, sondern in ganz Europa: dem protestantischen Norden und dem katholischen Süden.

6. Struktur der evangelischen und katholischen Kirche

Nach den Unterschieden zwischen beiden großen christlichen Kirchen befragt, wird manch einer als Erstes an den Papst als

»unfehlbare« theologische Autorität an der Spitze der katholischen Kirche denken, für die es in der evangelischen keine Entsprechung gibt. Mindestens ebenso bedeutsam dürfte freilich sein, dass es sich bei der katholischen Kirche um eine die ganze Welt umspannende Organisation handelt, deren Machtzentrum keineswegs allein der Papst bildet, sondern der gesamte Vatikan mit seiner Kurie.

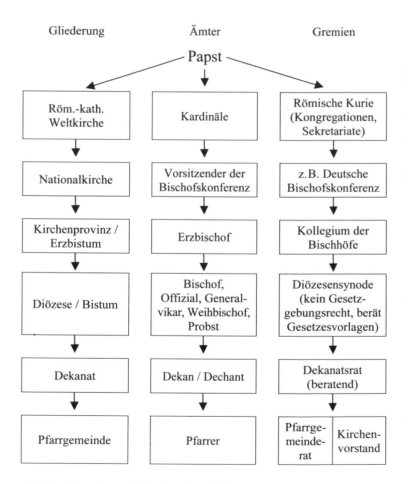

Abb. 17: Aufbau der römisch-katholischen Weltkirche

Die evangelische Kirche dagegen ist in unzählige selbstständige Landeskirchen zersplittert, über die hinaus es kein Gremium gibt, das für alle evangelischen Christen verbindliche Beschlüsse fassen oder Lehren aufstellen kann. Zwar haben die evangelischen Landeskirchen Deutschlands einen gemeinsamen Rat (EKD) gebildet zur Koordinierung übergreifender Aufgaben oder gemeinsamer Projekte, aber in die einzelnen Landeskirchen »hineinregieren« kann die EKD nicht. Namen von Landeskirchen wie »Hessen und Nassau« oder »Kurhessen-Waldeck« erinnern daran, dass der heutige Bestand der evangelischen Landeskirchen in gewissem Maße noch auf deren Entstehungszeit zurückgeht, in der die Landkarte Deutschlands wie ein bunter Flickenteppich aussah, der sich aus einer Vielzahl größerer, mittlerer, kleinerer und kleinster Kurfürsten-, Fürsten-, Erzherzog- und Herzogtümer sowie Markgrafschaften, Grafschaften, Erzbistümer, Bistümer usw. zusammensetzte.

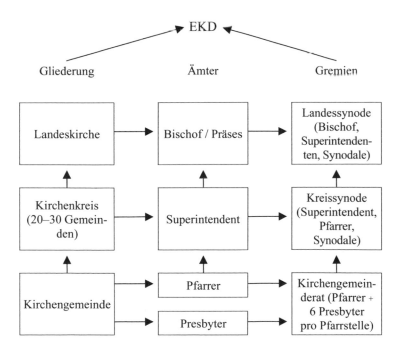

Abb. 18: Aufbau der evangelischen Landeskirchen

Dass die katholische Kirche in ihrer vertikalen Gliederung doppelt so viele Ebenen aufweist wie die evangelische, liegt nicht allein daran, dass sie im Unterschied zu jener eine Weltkirche ist, sondern auch daran, dass die mit den Landeskirchen vergleichbaren Kirchenprovinzen/Erzbistümer noch einmal in Bistümer untergliedert sind. Der entscheidende Unterschied in der Organisation beider Kirchen besteht darin, dass sich die evangelische demokratisch von unten nach oben aufbaut und alle Funktionsträger in ihre Ämter gewählt werden. Die katholische Kirche dagegen wird autoritär von oben nach unten regiert, ihre Gremien haben meist nur beratende Funktion und keine Entscheidungsbefugnisse. Die Besetzung der Ämter erfolgt durch den jeweiligen Dienstvorgesetzten; die Kardinäle, Erzbischöfe und Bischöfe werden vom Papst ernannt, die Dekane und Pfarrer vom zuständigen Bischof eingesetzt. Das hat nicht selten zu Unmut in den Gemeinden oder Bistümern geführt. Man erinnere sich an den erbitterten, letztlich aber vergeblichen Widerstand im Erzbistum Köln gegen die Einsetzung Kardinal Meisners als Erzbischof durch Papst Johannes Paul II. Gewählt wird in der katholischen Kirche bekanntlich nur der Papst vom Kardinalskollegium.

Zu den vornehmsten Rechten einer evangelischen Kirchengemeinde, repräsentiert durch den von ihr gewählten Kirchengemeinderat (Presbyterium) gehört es, sich ihren Pfarrer oder ihre Pfarrerin selbst aussuchen zu können. Auch in den anderen Entscheidungsgremien (Kreis- und Landessynode) sind Laien (Synodale) vertreten. Spätestens seitdem an der Spitze einiger Landeskirchen Bischöfinnen stehen und große Medienaufmerksamkeit genießen, dürfte auch dem letzten Bürger dieses Landes bekannt sein, dass in der evangelischen Kirche im Unterschied zur katholischen Frauen alle theologischen Ämter offen stehen. Und während die katholische Kirche weiterhin auf der Ehelosigkeit ihrer Priester besteht, erwarten die evangelischen Kirchenleitungen von ihren Pfarrerinnen und Pfarrern nachgerade, dass sie verheiratet sind.

7. Ökumene

Die katholische und evangelische Kirche repräsentieren zwar der Zahl ihrer Mitglieder nach die größten, aber keineswegs die

einzigen christlichen Konfessionen. Bereits kurz nach ihrer Anerkennung durch den römischen Kaiser drohte der Christenheit
durch die Lehre des alexandrinischen Priesters Arius eine erste
konfessionelle Spaltung. Er hielt Jesus Christus nicht für wesensgleich mit Gott, sondern lediglich für dessen herausragendes
Geschöpf. Zwar verhinderte Kaiser Konstantin mit seinem Machtwort auf dem Konzil von Nicäa 325 eine Spaltung der Christenheit, endgültig beigelegt wurde der arianische Streit jedoch erst
381 auf dem Konzil von Konstantinopel. Der Arianismus wurde
als Häresie, als Irrlehre, verurteilt, seine Anhänger mit dem
Kirchenbann belegt.

Ähnlich erging es nur wenig später dem Theologen Pelagius,
der sich mit dem angesehenen Kirchenvater Augustin aus
Karthago anlegte, indem er gegen dessen Gnadenlehre die sittli-
che Eigenverantwortlichkeit des Menschen hervorhob. Die Ausbreitung des Pelagianismus konnte die Kirche nicht hinnehmen.
Er bedrohte ihre Machtstellung, indem er die Bedeutung der von
ihr verwalteten Gnadenmittel herabsetzte.

Um den Pelagianismus erfolgreich zu bekämpfen, reichte die
Macht der Kirche, nicht jedoch dazu, 1054 die Trennung der
orthodoxen Kirche Osteuropas von Rom zu verhindern. Auch die
Entstehung der evangelischen Kirche war nicht aufzuhalten.
Obwohl der Kirchenbann eine der schärfsten und im Mittelalter
besonders gefürchteten Waffen der Kirche war – um die Aufhe-
bung des gegen ihn verhängten Banns zu erreichen, trat der deutsche König Heinrich IV. den Gang nach Canossa an –, scherte
sich Martin Luther nicht darum und verbrannte öffentlich die
päpstliche Bannbulle. Kurz nach dieser Niederlage, die ihm der
Mönch aus Wittenberg beigebracht hatte, musste Papst Leo X.
auch noch hinnehmen, dass Heinrich VIII. von England sein Land
vom Katholizismus abbrachte und 1533 die von Rom unabhängige Anglikanische Staatskirche gründete, nur weil der Papst
seine Zustimmung zu der Scheidung des Königs von seiner Frau
Katharina von Aragonien verweigert hatte.

Mit der Entstehung der orthodoxen, der evangelischen und der
anglikanischen Kirche ist zwar die christliche Ökumene, die
Einheit der Christen in der gesamten bewohnten Welt, zerbro-
chen, nicht jedoch die Einheit innerhalb der katholischen Kirche.
Abgesehen von der Gruppierung der so genannten Altkatholiken,

die das Dogma der Unfehlbarkeit des Papstes von 1870 nicht anerkennen, hat sie eine innerkirchliche Aufsplitterung nicht zugelassen.

Die orthodoxe Kirche dagegen ist in zahlreiche selbstständige Nationalkirchen aufgegliedert, von denen die russische und griechische die bedeutendsten sind. Nach orthodoxem Verständnis besteht das Ziel des menschlichen Lebens im Streben nach mystischer Vergöttlichung, wie sie sich in der Gestalt Christi in idealer Weise manifestiert. Dem gegenüber tritt die heilsgeschichtliche Erlösungstat Christi, die für das westliche Christentum von zentraler Bedeutung ist, in den Hintergrund.

Die evangelische Kirche war aufgrund ihrer Entstehungsbedingungen von Anfang an in regional begrenzten, selbstständigen Einheiten ohne eine übergreifende Zentralgewalt organisiert. Das begünstigte die Bildung einer Vielzahl von Sekten und freikirchlichen Gruppierungen, von der pietistischen* »Herrenhuter Brüdergemeine« im frühen 18. bis zu Jugendsekten, wie den »Jesus people«*, im späten 20. Jahrhundert. Sie alle zeichnen sich dadurch aus, dass sie in der Regel einen Teilaspekt der christlichen Überlieferung verabsolutieren, was häufig schon an ihren Namen erkennbar ist. Bei der Pfingstbewegung* ist dies der Empfang des Heiligen Geistes, bei der Neuapostolischen Kirche das Apostelamt, bei den Baptisten die Erwachsenentaufe (nach dem griechischen Wort *baptismos* für Taufe). Sie neigen zudem zu einem ahistorischen Bibelverständnis, das auch fundamentalistische* Züge annehmen kann, und zu autoritären Führungsstrukturen oder gar theokratischen Vorstellungen wie die Zeugen Jehovas.

Nach den vielen Jahrhunderten einer immer weiteren Zersplitterung der Christenheit setzten zu Beginn des 20. Jahrhunderts Bestrebungen ein, sich wieder auf die Gemeinsamkeiten des christlichen Glaubens zu besinnen, so dass heute unter Ökumene die Bewegung der verschiedenen christlichen Konfessionen aufeinander zu verstanden wird. Die »ökumenische Bewegung« setzt sich nicht das illusionäre Ziel, alle Konfessionen in einer einzigen Kirche zu vereinigen. Das wäre auch insofern gar nicht wünschenswert, als die Vielfalt der Konfessionen den christlichen Glauben belebt und bereichert. Sie strebt lediglich die Zusammenarbeit der Kirchen in bestimmten Bereichen und auf verschiedenen Ebenen an. Den Anstoß dazu gab der lutherische Erzbischof von Uppsala (Schweden) Nathan Söderblom, der 1925 die erste Weltkirchenkonferenz in Stockholm organisierte. Durch den zweiten Weltkrieg wurde die »ökumenische Bewegung« zwar gebremst, aber nach 1945 verstärkt vorangetrieben. Auf der Weltkirchenkonferenz 1948 in Amsterdam erhielt sie mit der Einsetzung eines Weltkirchenrats, in dem alle Mitgliedskirchen vertreten sind, eines Zentral- und Exekutivausschusses, eines Präsidiums und eines Generalsekretariats in Genf eine klare Organisationsstruktur.

Der Weltkirchenrat entsprang einer evangelischen Initiative, um eine Zusammenarbeit der aus der Reformation hervorgegangenen Kirchen zu erreichen, umfasst jedoch längst mehr als nur diese, und seine offizielle Bezeichnung lautet heute »Ökumenischer Rat der Kirchen« (ÖRK). 1960 gehörten ihm bereits 178 Kirchen in mehr als fünfzig Ländern an. Inzwischen hat sich die Zahl sowohl der Mitgliedskirchen als auch der Länder nahezu verdoppelt. Die Mehrzahl der orthodoxen Kirchen ist im ÖKR vertreten, nicht jedoch die römisch-katholische Kirche. Ihr Anspruch, die einzige legitime christliche Kirche zu sein, scheint sie bislang an einer Mitgliedschaft gehindert zu haben. Wie in vielen anderen Bereichen brachte das Zweite Vatikanische Konzil auch in dieser Frage eine Öffnung und Annäherung an den ÖKR. Doch diese Entwicklung wurde durch die auf Papst Johannes XXIII. folgenden Päpste wieder rückgängig gemacht. Das belegt nicht zuletzt die im Jahre 2000 von der Glaubenskongregation des Vatikans unter Federführung ihres damaligen Vorsitzenden und heutigen Papstes Joseph Ratzinger veröffentlichte Erklärung »Dominus Jesus. Über die Einzigkeit und die Heilsuniversalität Jesu Christi und der Kirche«. Darin wird der Anspruch erneuert, dass »die Kirche Christi trotz der Spaltungen der Christen voll nur in der katholischen Kirche weiterbesteht« (Nr. 16). Allen anderen wird lediglich der Status von »kirchlichen Gemeinschaften« zugestanden. Unberührt von solchen dogmatischen Spitzfindigkeiten gehen die Annäherung und die Zusammenarbeit von katholischen und evangelischen Christen in manchen Bereichen schon weiter, als es den Amtsträgern ihrer Kirchen lieb ist, etwa beim schulischen Religionsunterricht oder beim gemeinsamen Abendmahl. Mit ihrem Dogmatismus drohen die Amtskirchen sich immer weiter von der kirchlichen Basis zu entfernen.

Über die Fragen des Miteinanders der verschiedenen christlichen Kirchen und Konfessionen hinaus hat die Ökumene im Zeitalter der »Globalisierung« ganz andere Dimensionen angenommen. Längst ist der ÖRK in Kontakt und im Gespräch mit den nicht christlichen Religionen. Vertreter dieser Religionen werden zu den Weltkirchenkonferenzen eingeladen und nehmen daran teil. In einer Zeit, in der der Islam nicht ohne eigenes Verschulden einen erheblichen Ansehensverlust außerhalb der islamischen Welt erleidet, sind solche Kontakte besonders wichtig, zumal sich Judentum, Christentum und Islam als die drei großen monotheistischen* Buchreligionen vergleichsweise nahe stehen. Zu dem polytheistischen* Hinduismus und dem seiner ursprünglichen Lehre nach »gottlosen« Buddhismus fällt eine Annährung weitaus schwerer.

8. Kirche und Staat

Sowohl die katholische als auch die evangelische Kirche sind mit Hilfe der Staatsmacht entstanden, die katholische mit der römischen, die evangelische mit der deutscher Landesherren. Ihre Entstehungsbedingung hat die weitere Geschichte beider Kirchen und ihr Verhältnis zum Staat geprägt, allerdings auf unterschiedliche Weise. Zwar verfolgte in beiden Fällen der Staat seine eigenen Ziele, während jedoch bei der Gründung der römisch-katholischen Kirche die Initiative, um nicht zu sagen der Druck vom Staat ausging, wurde die Staatsmacht in Gestalt des Landesherren von Luther als Schirmherr und Organisator angerufen. Die enge Anlehnung der evangelischen Kirche an den Staat hat ihr nicht nur die dauerhafte Abhängigkeit vom Staat eingebracht, sondern auch zu der verhängnisvollen Verbindung von »Thron und Altar« geführt, die erst nach dem Zweiten Weltkrieg ihr Ende gefunden hat.

Die katholische Kirche dagegen hat sich von Anfang an gegen die Vereinnahmungsversuche durch den Staat zur Wehr gesetzt und ein eigenes politisches Denken und Handeln entwickelt, mit all den Vorteilen und Nachteilen, die solch ein Selbstverständnis für eine auf Glauben gegründete Institution mit sich bringt. Die politische Seite der katholischen Kirche findet ihren Ausdruck in dem mehr als nur symbolischen Vatikanstaat mit seinen »Ministerien« (Kurienkongregationen) und einem »Botschafter« (Nuntius) in fast allen Staaten der Welt. Die Diplomatie des Vatikans hat die katholische Kirche – nicht anders als die Verbindung von Thron und Altar die evangelische – im Laufe ihrer Geschichte häufig genug in politische Verstrickungen geführt und Schuld auf sich laden lassen. Eklatant war beider Versagen gegenüber den sozialen Problemen in der Mitte des 19. Jahrhunderts und gegenüber der nationalsozialistischen Herrschaft in Deutschland.

8.1 Die Kirchen und die soziale Frage im 19. Jahrhundert

Die in Deutschland in den 30er Jahren des 19. Jahrhunderts einsetzende Industrialisierung führte zur Verarmung weiter Bevölkerungsteile. Gegen die Fabriken mit ihren maschinell hergestellten Produkten konnten die Handwerksbetriebe nicht konkurrieren. Zusammen mit der etwa gleichzeitig einsetzenden Abwanderung vieler Menschen vom Land in die Städte wuchs dort ein riesiges Heer arbeitsloser Handwerker und Landarbeiter zu einer neuen gesellschaftlichen Unterschicht heran. Sie waren der rücksichtslosen Ausbeutung ihrer Arbeitskraft durch Fabrikbesitzer schutzlos ausgeliefert. Der immer weiter um sich greifenden Verelendung einer ganzen Bevölkerungsschicht sahen die Kirchen tatenlos zu. Es waren nur Einzelne, die versuchten, ihre Kirche wachzurütteln oder selbst etwas zu unternehmen. Auf katholischer Seite sind hier vor allem Emmanuel von Ketteler, Bischof von Mainz, und Adolf Kolping, ein ehemaliger Schustergeselle und späterer Priester, zu nennen. Auf Letzteren gehen die 1846 gegründeten Handwerksgesellenvereine zurück, die als Kolpingvereine bis heute bestehen.

Auf evangelischer Seite lässt sich neben Theodor Fliedner, dem Begründer der Diakonieanstalten, Johann Hinrich Wichern anführen. Er gab 1833 in dem »Rauhen Haus« bei Hamburg obdachlosen und verwahrlosten Kindern eine Bleibe. Seine auf dem Wittenberger Kirchentag 1848 gehaltene Rede, in der er die Situation der notleidenden Bevölkerung eindringlich darstellte, verfehlte nicht ihre Wirkung auf die versammelten Kirchenführer. Sie reagierten prompt, und zwar so, wie nicht nur Kirchen zu reagieren pflegen, wenn sie eine unangenehme Aufgabe auf sich zukommen sehen: Sie gründeten einen Ausschuss, dessen erste Maßnahme darin bestand, Wichern mit der Abfassung einer umfassenden Denkschrift zu beauftragen. Darin legte dieser dar, worin er die neue Aufgabe der Kirche sah. Er gab ihr den bezeichnenden Namen »Innere Mission«, der deutlich macht, worum es seiner Ansicht nach primär ging: das der Kirche entfremdete Proletariat zurückzugewinnen, das sie an die zu dieser Zeit aufkommende sozialistische Bewegung – im Jahre des Wittenberger Kirchentages erschien das »Kommunistische Manifest« von Marx und Engels – mehr und mehr zu verlieren drohte. In Wicherns Schrift »Das Proletariat« heißt es:

Was von der Kirche als Kirche geschehen muss, um den unteren Klassen der Gesellschaft christlich gründlich zu helfen, ist in dem einen Wort zusammenzufassen: Den Armen muss das Evangelium gepredigt werden!

Allerdings verlor Wichern darüber und auch über seine Karriere als Kirchenbeamter – 1856 wurde er Oberkonsistorialrat – nicht die reale Not der Menschen aus den Augen. Das sah wenig später bei dem Berliner Hofprediger Adolf Stoecker schon ganz anders aus. Der Religionsfeindlichkeit des Sozialismus und der sich langsam entwickelnden Gewerkschaftsbewegung setzte er blinden Hass auf beide Bewegungen entgegen. Diese politisch zu bekämpfen war ihm wichtiger als den Menschen zu helfen. Seine 1878 gegründete »Christlich-soziale Arbeiterpartei« sollte die Arbeiter gleichermaßen für die Kirche wie für die Monarchie zurückgewinnen. Ihr war kein Erfolg beschieden.

8.2 Die Kirchen und der Nationalsozialismus

Mit Ende des Ersten Weltkriegs und des deutschen Kaiserreichs ging für die evangelische Kirche auch das Staatskirchentum zu Ende. Die Verfassung der Weimarer Republik nahm eine weitgehende Trennung von Kirche und Staat vor. Gleichwohl behielten die beiden großen christlichen Kirchen als Körperschaften des öffentlichen Rechts einen privilegierten Status und sogar das

Recht, Steuern zu erheben, die der Staat für sie einzog. Mit der neuen Selbstständigkeit tat sich die evangelische Kirche schwer. Sie musste sich neu organisieren, während die katholische Kirche ihre Jahrhunderte alten Strukturen beibehalten konnte. Die republikanische Staatsform blieb der evangelischen Kirche innerlich fremd; sie sehnte sich nach der Monarchie zurück. Die katholische Kirche hatte da weniger Probleme, nicht, weil ihr die Demokratie näher gestanden hätte, sondern weil sie es gewohnt war, mit dem Staat auf gleicher Augenhöhe zu verhandeln.

Es kann nicht verwundern, dass eine Partei wie die NSDAP, die das Nationale in den Vordergrund stellte und sich sozial gab, die dem gottlosen Bolschewismus und Kommunismus den Kampf ansagte und die sich in ihrem Parteiprogramm zu einem »positiven Christentum« bekannte, die Sympathie großer Teile der evangelischen Bevölkerung und der Kirchenleitungen gewann. Bekanntlich hat sich Hitler nicht an die Macht geputscht, sie ist ihm vielmehr als Führer der stärksten Fraktion im Reichstag übertragen worden. Zu seinem Wahlerfolg haben weitaus mehr Protestanten als Katholiken beigetragen. Noch betrüblicher ist freilich, dass sich ein Großteil der evangelischen Bevölkerung zu der »Glaubensbewegung Deutscher Christen« zusammenschloss und sich in ihren 1932, also noch vor Hitlers Machtergreifung verfassten Richtlinien in vorauseilendem Gehorsam dem Nationalsozialismus andiente und sich gewissermaßen selbst »gleichschaltete«. Diese Richtlinien, die sich als »Lebensbekenntnis« verstehen, fordern den Zusammenschluss der evangelischen Landeskirchen zu einer »Reichskirche«, »sehen in Rasse, Volkstum und Nation uns von Gott geschenkte und anvertraute Lebensordnungen«, treten der »Rassenvermischung«, insbesondere der »Eheschließung zwischen Deutschen und Juden« entgegen und halten den Pazifismus für eine »verderbliche Erscheinung«. »Der Weg ins Reich Gottes geht durch Kampf, Kreuz und Opfer, nicht durch falschen Frieden.« Diese Richtlinien dürften zu einem der beschämendsten Zeugnisse in der evangelischen Kirchengeschichte gehören.

Gegen die »Deutschen Christen« regte sich gottlob mit der »Bekennenden Kirche« bald Widerstand, der allerdings in der Nachkriegszeit, als man dankbar auf jede unbelastete Kontinuität zurückgriff, erheblich überschätzt wurde. Insofern ist von dem

Eingeständnis der Versäumnisse nichts zurückzunehmen, das in der so genannten »Stuttgarter Erklärung« leitende Männer der Evangelischen Kirche in Deutschland bei einem Zusammentreffen mit Abgesandten ausländischer Kirchen im Oktober 1945 abgelegt haben: »Wir klagen uns an, dass wir nicht mutiger bekannt, nicht treuer gebetet, nicht fröhlicher geglaubt und brennender geliebt haben.«

Dem Zusammenschluss evangelischer Christen zur »Bekennenden Kirche« vorausgegangen war der im Herbst 1933 von Pfarrer Martin Niemöller* ins Leben gerufene »Pfarrernotbund«, durch den die ihres Amtes enthobene Pfarrer von ihren Amtskollegen finanziell unterstützt wurden. Die Mitgliedschaft in der »Bekennenden Kirche« musste jeder Christ für sich beantragen und erhielt daraufhin eine Mitgliedskarte. Ende Mai 1934 hielt die »Bekennende Kirche« ihre erste Bekenntnissynode in Wuppertal-Barmen ab, auf der das berühmte »Barmer Bekenntnis« unter Federführung von Karl Barth* formuliert wurde. Dieses Dokument belegt, dass es der »Bekennenden Kirche« um die rein innerkirchliche Auseinandersetzung mit den »Deutschen Christen« ging. Von einer gesamtgesellschaftlichen Verantwortung ist nichts zu spüren, auch nichts von einem Eintreten für die immer mehr entrechteten deutschen Juden. Das Äußerste, das in dieser Hinsicht von der »Bekennenden Kirche« verlautbart worden ist, steht in einer 1936 mit »ehrerbietigem Gruß« an den »Führer und Reichskanzler« gerichteten Erklärung, die freilich von diesem offiziell gar nicht mehr zur Kenntnis genommen wurde. Darin findet sich immerhin der Satz:

Wenn den Christen im Rahmen der nationalsozialistischen Weltanschauung ein Antisemitismus aufgedrängt wird, der zum Judenhass verpflichtet, so steht für ihn dagegen das christliche Gebot der Nächstenliebe.

Keineswegs besser als die evangelische steht die katholische Kirche da. Entsprechend ihrem Selbstverständnis, aber auch ihrem Selbstbewusstsein dem Staat gegenüber war ihre Verstrickung in den Nationalsozialismus anderer Art als die der evangelischen Kirche. Als Papst Pius XII. im Sommer 1933 mit Hitler ein Konkordat schloss, glaubte er vermutlich, damit die Stellung der katholischen Kirche im nationalsozialistischen Deutschland gesichert zu haben. Tatsächlich jedoch nützte das Konkordat allein Hitler: Ihm brachte es einen enormen Prestigegewinn in den Augen der Weltöffentlichkeit, der katholischen Kirche hingegen keine Bestandsgarantie. Weder zur Judenvernichtung noch zur Euthanasie hat der Vatikan seine Stimme erhoben. Dieses Versäumnis hat der Schriftsteller Rolf Hochhut in seinem 1963 uraufgeführten und stark polarisierenden Schauspiel »Der Stellvertreter« Papst Pius XII. nicht zu Unrecht vorgeworfen.

Wie beim Versagen beider Kirchen vor der sozialen Frage waren es auch diesmal wieder nur einzelne ihrer Repräsentanten, die gegen die ungeheuerlichen Verbrechen der Nationalsozialisten eindeutig Stellung bezogen. Auf katholischer Seite war es Clemens August Graf von Galen, der als Bischof von Münster mutig von der Kanzel gegen die Euthanasie predigte. Auf evangelischer Seite beteiligte sich Dietrich Bonhoeffer* als einziger exponierter Theologe an der Verschwörung gegen Hitler. Er wurde am 9. April 1945 zusammen mit anderen Widerstandskämpfern im KZ Flossenbürg hingerichtet. Auf der Ebene der Gemeindepfarrer und auf Seiten der Laien gab es freilich eine ganze Reihe von Christen, die aus ihrer christlichen Überzeugung heraus gegen den Nationalsozialismus opponierten.

8.3 Politisches und soziales Engagement der Kirchen in der Bundesrepublik

Als mit dem Grundgesetz für die Bundesrepublik Deutschland 1949 nach der Weimarer Republik zum zweiten Mal eine Demokratie in Deutschland gegründet wurde, führte dies für die evangelische Kirche wieder zu stärkeren Veränderungen als für die katholische, die »den Zusammenbruch Deutschlands 1945 ohne Erschütterung ihres Gefüges«[13] überstand. Die evangelische Kirche übernahm die demokratischen Strukturen, wodurch den Laien ein erhebliches Mitspracherecht eingeräumt wurde, behielt jedoch weitgehend die alte Gliederung bei, sodass sich die Landeskirchen und deren Kirchenkreise nicht mit den Bundesländern und deren Regierungsbezirken decken.

---

13 Ernst G. Mahrenholz, Die Kirchen in der Gesellschaft der Bundesrepublik Deutschland, Hannover [2]1972, S. 72.

Bedeutsamer noch war die Veränderung des Selbstverständnisses der evangelischen Kirche. Sie gab mit ihrem obrigkeitsstaatlichen Denken, das sie von Luther an geprägt hatte, auch ihre gesellschaftspolitische Zurückhaltung auf und stellte sich der gesamtgesellschaftlichen Verantwortung, die wahrzunehmen bis dahin dem einzelnen Christen überlassen geblieben war. In öffentlichen Erklärungen und Denkschriften nahm die EKD Stellung zu den großen Fragen und Problemen, die das Nachkriegsdeutschland bewegten, zur Vertreibung Ostdeutscher ebenso wie zum Verhältnis zu unseren östlichen Nachbarn. Die Ostpolitik der späteren Koalitionsregierung aus SPD und FDP fand ihre Unterstützung. Von den heftigen und kontroversen innerkirchlichen Diskussionen auf dem Hintergrund des »Kalten Krieges« mit seinem »Gleichgewicht des Schreckens« zeugen die verschiedenen Stellungnahmen zur Wiederbewaffnung Deutschlands und zum Einsatz von Atomwaffen. Den Anstoß gaben die »Heidelberger Thesen«, die auf Anregung von Militärbischof D. Hermann Kunst eine Kommission der Ev. Studiengemeinschaft Heidelberg 1959 erarbeitet hatte. Die Thesen über »Krieg und Frieden im Atomzeitalter« weisen einer christlichen Handlungsweise zwei als »komplementär« bezeichnete Wege, die in Wahrheit jedoch in einer Aporie münden:

7. Die Kirche muss den Waffenverzicht als eine christliche Handlungsweise anerkennen.

8. Die Kirche muss die Beteiligung an dem Versuch, durch das Dasein von Atomwaffen einen Frieden in Freiheit zu sichern, als eine heute noch mögliche christliche Handlungsweise anerkennen.

Diesen Kompromiss bestätigt die Denkschrift der EKD »Frieden wahren, fördern und erneuern« von 1981, knüpft jedoch die in der achten Heidelberger These anerkannte Handlungsweise an eine Voraussetzung:

Diese Handlungsweise ist nur in einem Rahmen ethisch vertretbar, in welchem alle politischen Anstrengungen darauf gerichtet sind, Kriegsursachen zu verringern, Möglichkeiten gewaltfreier Konfliktbewältigung auszubauen und wirksame Schritte zur Senkung des Rüstungsniveaus zu unternehmen.

Diese Voraussetzung war weder 1981 erfüllt noch ist sie es heute. Die ambivalente Haltung der evangelischen Kirche gegenüber dem Militär findet ihren praktischen Ausdruck darin, dass sie einerseits Wehrdienstverweigerer betreut, andererseits Militärpfarrer unterhält. Mag auch diese Position der evangelischen Kirche in der Frage von Krieg und Frieden als unbefriedigend empfunden werden, muss gleichwohl ihr Engagement gewürdigt werden, mit dem sie nach Antworten auf die zentralen politischen Fragen gerungen hat.

Der katholischen Gesellschaftspolitik der Nachkriegszeit ging es um ganz andere Dinge, die sich den im Gottesdienst verlesenen Hirtenbriefen entnehmen lassen. Ihre Sorge galt der Bedrohung sittlicher Werte, die man in der »Zersetzung des Ehe- und Familienlebens«, der »leichtfertigen Scheidung« oder der Missachtung des »christlichen Sonntags« sah. Da man für die Bedrohung vornehmlich den Liberalismus und Sozialismus verantwortlich hielt und sich die Verteidigung sittlicher Werte allein von den politischen Parteien versprach, die das Wort »christlich« in ihrem Namen führten, lösten CDU und CSU die frühere Zentrumspartei als politische Heimat der deutschen Katholiken ab. Hirtenworte zu den Wahlen enthielten eindeutige Wahlempfehlungen zugunsten dieser beiden Parteien, auch wenn sie nicht namentlich genannt wurden. Das zur Bundestagswahl 1965 verbreitete Bischofswort verpflichtete jeden Katholiken zu prüfen, »welche der Parteien für seine spezifischen katholischen Anliegen am meisten ein offenes Ohr hat.«[14] Da bedarf es nicht der Nennung der Parteinamen, um zu wissen, welche Parteien gemeint sind, und da überrascht auch nicht das Ergebnis einer 1967 veröffentlichten Analyse des Wahlverhaltens, wonach 51% der Katholiken CDU/CSU wählten.

Das soziale Engagement, der Einsatz für Benachteiligte der Gesellschaft, hat in beiden Kirchen eine lange Tradition, wenngleich die Initiative wie bei der sozialen Frage im 19. Jahrhundert mehr von Einzelpersonen ausging als von den Kirchen selbst. Das änderte sich nach dem Zweiten Weltkrieg. Die Kirchen fühlten sich nun verantwortlich für die Armen, und zwar nicht nur für die im eigenen Land, sondern auch für die in Ländern der so genannten »Dritten Welt«. Gründungen wie »Brot für die Welt« auf evangelischer und »Misereor« auf

---

14 Zitiert nach: Ernst G. Mahrenholz, a.a.O., S. 77.

katholischer Seite sind bis heute ausgesprochen erfolgreiche
Aktionen.

Das kirchliche soziale Engagement beschränkt sich indes keineswegs auf die Armen. Kirchengemeinden beider Konfessionen
unterhalten Kindergärten, Schulen, Sozialstationen und Krankenhäuser, die bis heute für viele Menschen die einzigen schnell er-
reichbaren sind. Allerdings darf man fragen, ob das Engagement
der Kirchen in solchen Bereichen, in denen längst die Städte,
Kommunen oder Länder die Verantwortung übernommen haben,
noch notwendig ist – zumal auch die Einrichtungen, deren Träger
nominell noch die Kirchen sind, von der öffentlichen Hand
finanziert werden. Gerechtfertigt erscheint ein kirchliches Engagement in diesen Bereichen heute nur dann, wenn damit eine inhaltliche Alternative zu den entsprechenden Einrichtungen anderer
Träger verbunden ist. Das kann für Schulen durchaus zutreffen,
wenn diese ein zu den öffentlichen Schulen alternatives pädago-
gisches Konzept entwickeln, das sich nicht auf die religiöse
Erziehung im engeren Sinne beschränkt. Ähnliches gilt für Kindergärten, wenn diese nicht als reine Verwahrstätten, sondern
als Bildungs- und Integrationsstätten begriffen werden, wie es
inzwischen allenthalben gefordert wird, und wenn dabei nach den
Einsichten einer modernen (Religions-)Pädagogik gearbeitet wird.

Vor allem sollten sich die Kirchen um solche Gruppen kümmern, die, wie z.B. Drogensüchtige, von anderer Seite noch
immer nicht die notwendige Zuwendung, von der Gesellschaft
häufig sogar Ablehnung und Verachtung erfahren. So kritisch
die aus der Pfingstbewegung* hervorgegangene Jugendsekte der
»Jesus people«* theologisch zu beurteilen ist, ihre dauerhaften
Heilerfolge bei einer Reihe Drogenabhängiger sind nicht zu
bestreiten. Die wurden allerdings nicht, wie es die Geheilten und
zu Jesus Bekehrten im Nachhinein darstellten, durch ein direktes
Eingreifen Jesu erzielt, sondern durch das geduldige Zuhören der
Sektenmitglieder, ihr Eingehen auf und ihren Zuspruch an die
Kranken, mit denen sie sich auf eine Stufe stellten. Das, was
inzwischen als Gruppentherapie allgemein anerkannt ist, scheint
bei Drogenabhängigen offenbar wirkungsvoller zu sein als klini-
sche Entziehungskuren mit ihrer hohen Rückfallquote.

Das Beispiel zeigt, dass kleine kirchliche Gruppen mit einem
ausgeprägten Zusammenhörigkeitsgefühl gerade dort helfen

können, wo die Ursache einer Krankheit häufig in zwischenmenschlicher und gesellschaftlicher Isolation liegt, die wiederum
dazu führt, dass niemand sich für diese Kranken zuständig fühlt.
Aus der Gesellschaft ausgegrenzten Randgruppen Hilfe zu bieten, muss stets das Anliegen einer Kirche sein, die sich in der
Nachfolge Jesu stehend begreift. Ihre jeweilige Vorreiterfunktion
kann die Kirche in dem Augenblick aufgeben, in dem andere
gesellschaftliche Institutionen diese Funktion übernehmen und
ebenso gut erfüllen.

Das gilt außer für Krankenhäuser auch für Sozialstationen, die
heute zumeist nicht mehr auf Gemeinde-, sondern auf Kirchen-
kreisebene organisiert sind. Damit treten die kirchlichen Sozialstationen in direkte Konkurrenz zu dem Paritätischen Wohl-
fahrtsverband, dem Arbeiter-Samariter-Bund und ähnlichen Institutionen, ohne eine inhaltliche Alternative anzubieten. Die früher in einer Gemeinde tätige Gemeindeschwester stellte insofern
noch eine Alternative dar, als sie zu den von ihr Betreuten eine
intensivere Beziehung aufbauen konnte, als es dem zwangsläufig
wechselnden Pflegepersonal einer Sozialstationen möglich ist.

8.4 Religionsunterricht in staatlichen Schulen

Die Regelung des Verhältnisses von Kirche und Staat hat das
Grundgesetz der Bundesrepublik Deutschland von 1949 weitgehend aus der Weimarer Verfassung übernommen. In einer Hinsicht allerdings fällt das Grundgesetz hinter die von der Weimarer
Verfassung vorgenommene Trennung von Kirche und Staat zurück. In Artikel 7, Absatz 3 erklärt es den Religionsunterricht »in
den öffentlichen Schulen« zu einem »ordentlichen Lehrfach«,
das »unbeschadet des staatlichen Aufsichtsrechts« über die
Schulen »in Übereinstimmung mit den Grundsätzen der Religionsgemeinschaften erteilt« wird. Das bedeutet, dass die Religionsgemeinschaften die Inhalte des Faches mit bestimmen, dass
Lehrwerke ihrer Genehmigung bedürfen und die Lehrenden von
ihnen eine Lehrerlaubnis erhalten müssen. Es kann auch bedeuten, dass Unterricht von dafür didaktisch nicht hinreichend aus-
gebildeten Amtsträgern dieser Religionsgemeinschaften erteilt
wird.

Das im Prinzip allen Religionsgemeinschaften zugestandene Recht auf ein eigenes Fach wird in der Praxis bislang fast nur von den beiden großen christlichen Kirchen wahrgenommen, die damit einen unmittelbaren Zugang zu den öffentlichen Schulen haben. Wie sich das mit der Selbstverpflichtung zur weltanschaulichen Neutralität eines demokratischen Staates verträgt, ist allerdings fraglich, zumal wenn dieser den Kirchen das Recht zur Gründung privater Schulen einräumt.

Die Sonderstellung der beiden großen christlichen Kirchen ist der historischen Situation geschuldet, als die im Aufbau begriffene Demokratie in Deutschland verzweifelt nach Werte vermittelnden Institutionen Ausschau hielt, die nicht nationalsozialistisch korrumpiert waren. Um dabei auf die evangelische und katholische Kirche zu verfallen, musste man allerdings großzügig über die Deutschen Christen und die Politik des Vatikans hinwegsehen. Immerhin entsprach diese Sonderstellung insofern den gesellschaftlichen Verhältnissen der Nachkriegszeit, als damals noch der weitaus überwiegende Teil der Bevölkerung einer der beiden Kirchen angehörte. Heute hingegen lässt sich diesen nicht mehr so eindeutig der Status von Volkskirchen zuerkennen. Ihr anhaltender Mitgliederschwund veranlasst die Kirchen jedoch keineswegs, auf den aufgrund ihrer nur noch geringen gesellschaftlichen Repräsentanz nicht mehr gerechtfertigten Sitz in verschiedenen Ausschüssen, Gremien und Verbänden zu verzichten, auch nicht auf den konfessionellen Religionsunterricht in den Schulen, was dessen Existenz langfristig gefährden kann.

Denn der Religionsunterricht ist nicht nur das einzige durch das Grundgesetz abgesicherte Schulfach, sondern zugleich das einzige, bei dem die Erziehungsberechtigten über die Teilnahme ihrer Kinder entscheiden, nach deren so genannter Religionsmündigkeit – in der evangelischen Kirche mit der Konfirmation – die Schülerinnen und Schüler selbst. Die Möglichkeit zur Abmeldung vom Religionsunterricht ist ebenfalls im Grundgesetz Artikel 7, Absatz 2 festgeschrieben. Sie folgt zwingend aus der Konfessionsgebundenheit dieses Faches und hat dazu geführt, dass in manchen Schulen weit mehr als die Hälfte einer Jahrgangsstufe nicht am Religionsunterricht teilnimmt. Das könnte sich ändern, wenn die Kirchen das Fach aus ihrer Zuständigkeit entließen, wozu allerdings zur Zeit weder die katholische noch die evangelische Kirche bereit ist. Doch nur als ein von den Kirchen unabhängiges Fach kann der Religionsunterricht ein für alle Schülerinnen und Schüler verbindliches Pflichtfach werden. Das setzt allerdings voraus, dass er seine Berechtigung im Fächerkanon wie alle anderen Fächer allein aus dem Bildungsauftrag der Schule begründen muss. Das kann er ohne weiteres.

Keine Gesellschaft wird darauf verzichten wollen und können, ihre jeweils nachwachsende Generation in die eigenen kulturellen Traditionen einzuführen. Da Deutschland nun einmal zu dem Teil der Welt gehört, der wesentlich vom Christentum geprägt worden ist (»christliches Abendland«), stellt dessen Vermittlung ein unverzichtbares Element der Allgemeinbildung dar, unabhängig davon, ob jemand das christliche Weltverständnis und Menschenbild für sich selbst übernimmt oder ablehnt.

In jedem Fall sind junge Menschen für ihre Identitätsfindung auf Angebote zur Beantwortung der Sinnfrage angewiesen. Hier steht das Christentum in einem, wie Zahrnt es genannt hat, »Wettstreit um die Wirklichkeit der Welt« und deren Deutung. Ebenso wenig wie Jugendlichen die christliche als einzige Deutung angeboten werden darf, darf ihnen diese vorenthalten werden. Denn nicht zuletzt ist es die Aufgabe des Religionsunterrichts, gemäß den aus einem christlichen Welt- und Existenzverständnis gewonnenen Wertvorstellungen gesellschaftliche und politische Absolutheitsansprüche zu relativieren und die Jugendlichen zu einer kritischen Auseinandersetzung mit ethischen Entscheidungsprozessen in der Gesellschaft zu befähigen. Ein solcher Religionsunterricht, der gleichsam auf drei Säulen ruht, lässt sich durch kein anderes Schulfach ersetzen oder darin integrieren.

| *RU macht vertraut* mit Kultur und Tradition des »christlichen Abendlands«. | *RU bietet* authentische Antworten auf die Sinnfrage und unterstützt die Identitätsfindung. | *RU befähigt* zum kritischen Diskurs über ethische Entscheidungen und Werte. |

Abb. 19: Die drei »Säulen« des Religionsunterrichts

Ein so begründeter Religionsunterricht wird heute bereits vielerorts konfessionsunabhängig praktiziert, unterstützt durch zahlreiche in Koproduktion von evangelischen und katholischen Schulbuchverlagen publizierte Unterrichtsmaterialien. In diesem Unterricht sind die Kirchen nicht sein Subjekt, sondern als ein Unterrichtsgegenstand neben anderen sein Objekt. Das bedeutet allerdings nicht, dass der Lehrende seine konfessionelle Überzeugung verleugnen soll.

9. »Sichtbare« und »unsichtbare« Kirche

Obwohl die beiden großen christlichen Kirchen in Deutschland faktisch den Status von Volkskirchen verloren haben, stellen sie immer noch einen erheblichen Machtfaktor in unserer Gesellschaft dar und verfügen über beträchtliche Einflussmöglichkeiten. Gemessen an dem Bevölkerungsanteil, den die Kirchen vertreten, sind sie, zumal angesichts weiter sinkender Mitgliederzahlen, in gesellschaftlichen Schlüsselpositionen überrepräsentiert. Immer noch wird im öffentlichen Bewusstsein Kirche weithin mit Christentum gleichgesetzt. Dabei gibt es zunehmend Menschen, die ohne Zugehörigkeit zu einer Kirche ein christliches Selbst- und Weltverständnis haben und danach leben. Andererseits ist die formelle Mitgliedschaft in einer Kirche nicht zwangsläufig Ausweis einer christlichen Gesinnung und Lebensführung. Das heißt: Längst nicht alle Christen sind Mitglied einer Kirche und längst nicht alle Kirchenmitglieder sind Christen.

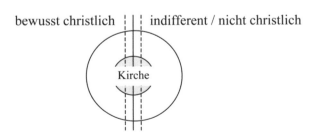

Abb. 20: Verhältnis von Kirchenmitgliedschaft und Christlichkeit. Die »Achse« kann natürlich innerhalb einer bestimmten Bandbreite sowohl nach der einen wie nach der anderen Seite wandern (gestrichelte Linien), niemals jedoch so weit, dass die Kirche sich ganz auf einer der beiden Seiten befindet.

Von vielen ihrer Mitglieder wird die Kirche nur noch als Dienstleistungsbetrieb für besondere Anlässe, wie Hochzeit oder Beerdigung, gesehen und in Anspruch genommen. Gottesdienstbesuche beschränken sich häufig auf den Weihnachtsgottesdienst, der vor allem der Stimmung wegen geschätzt wird. Manche treten nur aus Trägheit nicht aus der Kirche aus oder um ihre berufliche Karriere nicht zu gefährden. Die Zahl der Mitglieder, die eine innere Bindung an ihre Kirche haben, dürfte eher gering sein.

Dass Christentum und Kirche nicht deckungsgleich sind, gilt nicht erst für unsere Zeit; schon Luther war sich darüber im Klaren und unterschied zwischen der »sichtbaren« und der »unsichtbaren« oder »verborgenen« Kirche. Letztere vereint die wahren Christen, die gleichsam eine Kirche innerhalb der Kirche bilden. Christen außerhalb der Kirche waren für Luther und seine Zeit noch nicht vorstellbar, sodass die »sichtbare« Kirche stets größer war als die »unsichtbare«. Heute dürfte das Verhältnis eher umgekehrt sein. Deshalb stellt sich die Frage nach der Definition von Kirche auf neue Weise.

Seinem etymologischen Ursprung nach bezeichnet das Wort Kirche »die zum Herren Gehörigen«, also eine bestimmte Gruppe von Menschen, nicht eine Institution. Die heutige Form der Kirche mit ihrer der staatlichen Verwaltung analogen Struktur ist demnach keineswegs konstitutiv für die Gestalt von Kirche. Angesichts des immer geringeren Zuspruchs, den die Kirchen finden, muss sogar die Frage erlaubt sein, ob Kirche für den Fortbestand des Christentums überhaupt notwendig ist, zumal nach protestantischem Verständnis ihre Funktion als Vermittlerin des Heils entfällt.

Die mit der Reformation gewonnene Unmittelbarkeit des einzelnen Christen zu Gott darf allerdings nicht zu einem individualistischen Missverständnis christlicher Existenz verleiten. Niemand kann für sich allein Christ sein. Für den in einem beliebten theoretischen Gedankenexperiment auf eine einsame Insel versetzten Menschen bestünde keine Notwendigkeit, aber auch keine Möglichkeit, als Christ zu leben, da er weder Gott erfahren noch Kenntnis von Jesus erlangen noch seinen Glauben praktizieren könnte. Für alles drei ist der Mensch auf Mitmenschen angewiesen. Christentum setzt somit immer eine Gemeinschaft voraus, die nicht mit den bestehenden Gemeinden der Großkirchen oder Sekten zu verwechseln ist. Jede Gemeinschaft von Christen, unabhängig von ihrer Größe (»Denn wo zwei oder drei versammelt sind in meinem Namen, da bin ich mitten unter ihnen«, Mt 18,20), ihrer Gestalt und Dauer, verdient den Namen Kirche, die sich eher durch Variabilität als durch Konstanz auszeichnet. Das zeigt nicht zuletzt die zunehmende Erosion der beiden großen gemeindlich organisierten Kirchen.

Wenn sich in dem oben angesprochen Dokument »Dominus Jesus« die katholische Kirche zur einzigen legitimen christlichen Kirche erklärt und die neben ihr bestehenden »kirchlichen Gemeinschaften« »nicht Kirche im eigentlichen Sinn« nennt (Nr. 17), so ist die Empörung der evangelischen Kirche über diese Anmaßung zwar verständlich, aber unnötig. Als »kirchliche Gemeinschaft« tituliert zu werden, ist keine Herabstufung. Denn keine Kirche kann etwas anderes sein als eine »zum Herrn gehörige« Gemeinschaft. Gegen solch ein »offenes« Kirchenverständnis ließe sich einwenden, dass die »sichtbare«, manifeste Kirche völlig hinter einer »unsichtbaren«, latenten zu verschwinden drohe, zumindest aber konturlos werde. Darauf ist zweierlei zu erwidern. Zum einen ist Kirche, als dynamische, veränderbare Gemeinschaft von Christen verstanden, kein selbstgenügsamer, mit sich selbst beschäftigter und um sein eigenes Wohlergehen besorgter Verein. Die Kirche und damit jedes ihrer Mitglieder darf sich nicht aus der Welt zurückziehen, sondern muss in die Welt hineinwirken. Existenzberechtigung hat Kirche dann, wenn sie sich als eine der Gesellschaft und den Menschen dienende Gemeinschaft erweist. Christlicher Glaube hat sich in dem auf den Mitmenschen gerichteten Handeln zu bewähren. Ebenso wie die Glaubensvermittlung vollzieht sich die Glaubensausübung zwischen Menschen. Somit ist der Christ sowohl »nach hinten« im Glaubensempfang als auch »nach vorne« in der Glaubensausübung mit seinen Mitmenschen verbunden.

Zum anderen sind sehr wohl Situationen denkbar, in denen sich der Christ zu einer »sichtbaren« Kirche, unabhängig von ihrer konkreten Gestalt, bekennen und für sie einstehen muss, etwa in Zeiten politischer Unterdrückung des Christentums. Dass ein solches Einstehen auch ein Dienst an allen Bürgern eines Staates sein kann, hat die evangelische Kirche in der ehemaligen

DDR und die katholische im kommunistischen Polen gezeigt. Ebenso wie der Religionsunterricht im Fächerkanon der Schule sein ideologiekritisches Potenzial zu entfalten hat, besteht eine Aufgabe der «sichtbaren» Kirche darin, staatlichen Absolutheitsansprüchen entgegenzutreten. Dort, wo dies nicht notwendig ist und die Kirchen schiedlich-friedlich mit dem Staat zusammenleben wie in der Bundesrepublik, machen sich leicht Langeweile und Verdruss über eine Kirche breit, die genauso wie das staatliche Steuerungssystem der Gesellschaft funktioniert und genauso strukturiert ist. Man sieht keinen Grund mehr, warum man der institutionalisierten Kirche angehören soll, woran weder alle Reformbemühungen z.b. um neue Gottesdienstformen etwas zu ändern vermögen noch ein in manchen Kirchengemeinden sehr breit gefächertes Veranstaltungsangebot.

10. Kirche als Gebäude und als Gottesdienst

Neben der ursprünglichen Bedeutung von Kirche als Gemeinschaft derjenigen, die »zum Herrn gehören«, und der heute im öffentlichen Raum am häufigsten verwendeten Bedeutung von Kirche als Institution ist das Wort auch Sammelbegriff für eine bestimmte Art von Gebäuden, die sich in Dome, Kathedralen, Münster, Kapellen usw. genauer spezifizieren lassen. Die Bezeichnung für die christliche Gemeinschaft ist auf das Gebäude, in dem sich diese versammelte, übertragen worden. Seitdem Christen es sich nach der Konstantinischen Wende leisten konnten, eigene Gebäude für ihre Versammlungen zu errichten, verlieh deren Architektur dem christlichen Selbstverständnis der jeweiligen Epoche symbolischen Ausdruck.

Man denke etwa an das Schiff als Symbol für die Kirche als Gemeinschaft der Christen einerseits und als Gebäude (Haupt-, Seitenschiff) andererseits. Dieser doppelte Bezug des Schiff-Symbols spiegelt dessen Ambivalenz. Zwar ist das Schiff auf offener See den Gefahren durch Stürme und Wellengang ausgesetzt, gewährt jedoch seinen Insassen zugleich Schutz und Geborgenheit. Zielt der Gefahrenaspekt des Symbols auf die Situation der Christen in der Welt, so der Sicherheitsaspekt auf das Kirchengebäude, in das die Bevölkerung früherer Zeiten vor

marodierenden Soldaten oder Räuberbanden, bei Belagerung oder
Feuersbrünsten flüchtete. Augenfällig wird diese Schutzfunktion
bei den so genannten Wehrkirchen, wie sie nahezu überall in
Europa zu finden sind. In den Marschgebieten Ostfrieslands
wurden Kirchen zum Teil auf künstlich aufgeschütteten Warften
errichtet, um den Menschen bei Hochwasser und Überschwemmungen eine Zufluchtstätte zu bieten.

*Abb. 21 (links): das Schiff als Kirchensymbol (Hitda-Codex, 11. Jahrhundert) / Abb. 22
(Mitte): Wehrkirche St. Arbogast, Schweiz / Abb. 23 (rechts): St. Bonifatius Kirche
in Arle, Ostfriesland*

Zufluchtstätte war das Kirchengebäude unabhängig von seiner
Bauweise auch noch in einer anderen Hinsicht. Es schützte denjenigen, dem eine Gemeinde Asyl in ihrer Kirche gewährte, vor
dem Zugriff staatlicher Gewalt. Zwar wird das Kirchenasyl vom
modernen Staatsrecht nicht mehr anerkannt, aber in bestimmten
Fällen von den Behörden immer noch respektiert, wie Beispiele
aus neuerer Zeit zeigen. Im Mai 1998 hat eine Bochumer Gemeinde sechzehn Kurden in ihrer Kirche Unterschlupf gewährt,
nachdem deren Asylantrag von den deutschen Behörden als
unbegründet abgelehnt worden war. Der Pfarrer konnte seine
Gemeinde davon überzeugen, dass die Angst der Kurden begründet sei, nach ihrer Abschiebung in die Türkei dort Folterungen
ausgesetzt zu sein. Die Polizei ist nicht gegen die Kurden vorge-
gangen.

Im gleichen Jahr hat ein Hamburger Pastor, diesmal allerdings
gegen den Widerstand eines Großteils seiner Gemeinde, eine
ebenfalls von Abschiebung bedrohte kurdische Familie sieben
Monate in einem Seitenschiff der Kirche untergebracht. In der

Türkei wurde der Familienvater gesucht, weil er Zeuge gewor-
den war, wie ein als PKK-Anhänger verdächtigtes Ehepaar von
Soldaten erschossen worden war, und weil er den Vorgang foto-
grafiert hatte. Sein Einsatz für die kurdische Familie trug dem
Pfarrer ein Ermittlungsverfahren wegen »Beihilfe zum illegalen
Aufenthalt« ein.

Dies sind zwei Beispiele von insgesamt 220 Fällen, in denen
in den 1990er Jahren von Abschiebung bedrohten Flüchtlingen
in der Bundesrepublik Kirchenasyl gewährt worden ist. Die
Handlungsweise des Bochumer und Hamburger Pfarrers war
offensichtlich von der nicht unbegründeten Überzeugung geleitet, dass auch bei einem korrekt durchgeführten Asylverfahren
die Menschlichkeit allzu leicht auf der Strecke bleibt. Unabhängig davon, ob die Pfarrer die Abschiebung ihrer Schützlinge auf
Dauer haben verhindern können, waren ihre Aktionen geeignet,
politischen Druck zu erzeugen und die Öffentlichkeit für die
Problematik der Abschiebepraxis in Deutschland zu sensibilisieren. Die Pfarrer haben bewusst gegen geltendes Recht verstoßen
und waren bereit, dafür die Konsequenzen auf sich zu nehmen.
Ihre Handlungsweise ist ein Beispiel dafür, wie Nachfolge Jesu
heute aussehen kann. Denn sie handelten nach Jesu Vorbild, sich
dort über ein Gesetz hinwegzusetzen, wo sich dieses gegen die
Menschen richtet und deren Existenz bedroht.

Das Kirchenasyl kann auch unter dem Gesichtspunkt gesehen
werden, dass dadurch die in der Regel wenig ausgelasteten
Kirchengebäude eine zusätzliche sinnvolle Nutzung erfahren.
Ansonsten dienen sie überwiegend dem Zweck, darin Gottesdienste abzuhalten. Deshalb konnte das Wort Kirche zum Synonym für Gottesdienst werden und somit eine vierte und letzte
Bedeutung annehmen. Wenn jemand sagt »Am Sonntag gehe ich
in die Kirche«, will er nicht zum Ausdruck bringen, dass er das
Gebäude zu betreten beabsichtigt, sondern dass er am Gottesdienst teilnehmen möchte.

Hervorgegangen ist der neuzeitliche christliche Gottesdienst
aus dem urchristlichen »Abendmahl«, das zunächst ein normales
Abendessen war, zu dem sich Christen in Privathäusern zusam-
menfanden, allerdings in Gedenken an Jesu letztes Passah-Mahl
mit seinen Jüngern. Insofern hatte es von Anfang an eine kultische Bedeutung, die im Laufe der Zeit mit der Deutung von Jesu

Tod als Sühnetod für die Menschen eine symbolische Überhö-
hung erfahren hat. Noch heute steht die Feier der Eucharistie im
Zentrum jeder katholischen Messe. Beiden Kirchen gilt das
Abendmahl als Sakrament*.

Bereits seit Jahrzehnten ist vor allem im Protestantismus der
Gottesdienst in eine Krise geraten, und manche halten ihn für
eine auslaufende Kultform. Die Zahlen der Gottesdienstbesucher
scheinen dafür zu sprechen. Daran haben auch alle Bemühungen,
dem Gottesdienst eine »neue Gestalt« zu geben, nichts zu ändern
vermocht. Ihren Impuls verdanken diese Versuche der gesellschaftlichen Aufbruchstimmung am Ende der 1960er Jahre des
vorigen Jahrhunderts. Trotz ihres gemeinsamen Ziels, mehr
»Öffentlichkeit« herzustellen, waren die eingeschlagenen Wege
recht unterschiedlich. Die einen inszenierten »szenische« oder
»dialogische« Gottesdienste, die anderen setzten auf »Verkündigung als Information« oder veranstalteten ein »Politisches Nacht-
gebet« (so der Titel einer damals berühmten Veranstaltungsreihe
in Köln). Zufriedenstellen konnten all diese Versuche niemanden
so recht. Während den einen, denen es reichte, wenn statt der
Orgel eine Jazzband im Gottesdienst spielte, die Neuerungen
entschieden zu weit gingen, hielten die anderen sie für gänzlich
unzureichend. Zu Letzteren gehörte der Pfarrer einer Bremer
Gemeinde, der weitaus radikaler zu Werke ging. »In seiner Kirche steht der Altar in der Ecke und ist umfunktioniert: Er dient
jetzt als Biertisch. Wo einst das Kreuz hing, mahnt ein Plakat:
›Haschen verboten‹. Und auch die Kanzel gibt's nicht mehr.
Pastor Schisches hat sie abmontiert. Nur das gläserne Taufbe-
cken schleppt er noch ab und zu in die Kirche.«[15] Ehe man sich
ob solch sakrilegischen Tuns entrüstet oder zumindest den Kopf
schüttelt, sollte man sich fragen, was diesen Pfarrer veranlasst
haben könnte, Veranstaltungen dieser Art nicht ins Gemeinde-
haus – die Existenz eines solchen vorausgesetzt – zu verlegen,
warum er sie unbedingt in der Kirche stattfinden lassen wollte.

Versteht man das Wort Gottesdienst so, dass der Mensch Gott
dient und nicht umgekehrt, dann kann der Dienst doch wohl
nicht darin gesehen werden, dass der Mensch Gott sonntags
morgens zwei Stunden seiner Freizeit opfert. Vielmehr hat das

---

15 Arne Boyer, Stirbt die Kirche?, in Quick 47/1970, S. 34.

ganze Leben des Christen Gottesdienst zu sein. Aber wie und wodurch kann man Gott überhaupt dienen, wie hat man sich das konkret vorzustellen? Hier lässt sich auf dieselbe Bibelstelle verweisen wie bei der Frage, worin die Gottesliebe ihren Ausdruck findet, nämlich auf den Ausspruch Jesu »Was ihr getan habt einem von diesen meinen geringsten Brüdern, das habt ihr mir getan« (Mt 25,40). Indem der Bremer Pfarrer seine Kirche zu einem Raum geselliger zwischenmenschlicher Begegnung macht, er der zwischenmenschlichen Kommunikation Raum gibt, dient er den Menschen. Was dort stattfindet, findet nicht anstelle von Gottesdienst statt, sondern ist selbst Gottesdienst. Ähnlich wie überall dort, wo zwei oder drei in Jesu Namen versammelt sind, Kirche ist, ist jeder Dienst am Nächsten Gottesdienst.

Fazit: Glaube als Welt- und Existenzverständnis

Die biblischen Schriften sind etwa zwischen 1000 vor und 150 nach Christi Geburt verfasst worden. Wer meint, er könne diese zwei- bis dreitausend Jahre einfach überspringen, die uns von ihrer Entstehung trennen, und einen unmittelbaren Zugang zur Bibel gewinnen, der täuscht sich und dessen Bibelverständnis muss in die Irre gehen. Eine wichtige Aufgabe der theologischen Wissenschaft besteht darin, Brücken über den »garstigen Graben der Geschichte« zu schlagen und einen Zugang zu einem längst vergangenen Weltbild mit seinen mythologischen Vorstellungen zu eröffnen. Wer diese Pionierarbeit ignoriert oder gar als Teufelswerk diffamiert, nimmt die Bibel trotz aller gegenteiligen Beteuerungen nicht ernst. Das moderne Denken begreift die menschliche Existenz nicht mehr in mythologischen, sondern in historischen Zusammenhängen. Dahinter führt kein Weg zurück. Deshalb ist die historisch-kritische Erschließung der Bibel unerlässlich.

Die Bibel ist und bleibt die Grundlage des christlichen Glaubens, weil sie von der ersten bis zur letzten Zeile ein Glaubenszeugnis ablegt. Das gilt sowohl für das Alte wie für das Neue Testament. Bezeugt das Alte Testament den einen und einzigen Gott Israels, so das Neue in erster Linie Jesus als den Bevollmächtigten Gottes. Für Christen gilt das Wort aus dem Johannesevangelium: »Niemand kommt zum Vater denn durch mich« (Joh 14,6). Dieser Vater ist nicht der Gott Israels allein, sondern der aller Menschen. Er ist als Person nicht angemessen vorstellbar, wohl aber in der zwischenmenschlichen Begegnung personal als Liebe erfahrbar. Gott als das die unvollkommene und vergängliche menschliche Liebe überschreitende und überdauernde »Prinzip Liebe« kann zur Quelle für die Stillung menschlichen Sinnverlangens vor und unabhängig von allem eigenen Bemühen um Sinnerhalt werden. Schließlich kann Gott als Urgrund allen Seins verstanden werden, gleichgültig, ob es in der Materie oder der Energie gesehen wird, die beide nach Einsteins

berühmter Formel E = mc² nur unterschiedliche Erscheinungs-
formen des gleichen Phänomens sind.

Weder der als Liebe und Sinnstifter erfahrbare noch der als
schöpferischer Urgrund verstandene Gott ist beweisbar, was, wäre
es anders, den Glauben überflüssig machte. Der Gottesglaube ist
eine Möglichkeit, die dem Menschen zugängliche Wirklichkeit
zu interpretieren. Eine solche theistische Interpretation steht in
Konkurrenz zu anderen Interpretationen, religiösen und nicht
religiösen. Der »Wettstreit« geht darum, welche Interpretation
die Welt »in der richtigen Weise wahrnimmt und das Leben in
ihr sinnvoll bestehen hilft« (Zahrnt, s. S. 108).

Das Kriterium für das »richtige« Weltverständnis ist dessen
Plausibilität, für eine effektive Lebenshilfe ist es das Maß an
Sinngewährung. Hierfür macht das Christentum den Menschen
unter Berufung auf Jesus ein Angebot, das ein bestimmtes Existenzverständnis impliziert. Lässt man sich davon im alltäglichen
Lebensvollzug leiten, so führt das zu einer bestimmten Lebensweise. Es folgt daraus, wenn man so will, eine bestimmte Ethik.
Man darf jedoch nicht das christliche Angebot mit der sich
daraus ableitbaren Ethik gleichsetzen, da sonst der Zuspruch in
einen Anspruch und damit das Christentum in eine Gesetzesreli
gion verkehrt wird.

Mit seiner Situations- und Diskursethik unterscheidet sich das
Christentum von einer Religion, die – wie der Islam und teilweise auch das Judentum – durch Legalismus* gekennzeichnet ist.
Natürlich bestand und besteht auch für das Christentum immer
die Gefahr, in eine Gesetzesreligion zurückzufallen. Dazu neigte
in früherer Zeit etwa die altprotestantische Orthodoxie*; heute
sind es bestimmte Sekten, und auch der Katholizismus ist nicht
frei von legalistischen Tendenzen.

Ein Kennzeichen jeder Religion ist ihr in festgelegten Ritua-
len praktizierter Kult, in christlichen Kirchen etwa in Form der
gottesdienstlichen Liturgie, in Form von Prozessionen usw.
Solche Rituale können das Zusammenhörigkeitsgefühl stärken
und zur emotionalen Stabilisierung beitragen. Ein zwingend
notwendiger Bestandteil christlichen Glaubens sind sie jedoch
ebenso wenig wie die bestehenden Kirchenformen. Zudem unter-
liegen kultische Rituale einem Abnutzungseffekt: Ihr mechani-
scher Nachvollzug höhlt authentische Glaubensbezeugungen aus.

Bedenklich wird es dort, wo er zum entscheidenden Kriterium für die Zugehörigkeit zu einer Religion wird. Der Schritt von rituellen Praktiken, die sich verselbstständigt haben, zum Aberglauben ist nicht weit, auch im Christentum nicht.

Religionen neigen zu der gelegentlich aggressiv vertretenen Überzeugung, sich im alleinigen Besitz der Wahrheit zu befinden. Das führt zu Intoleranz gegenüber Andersgläubigen. Wie viel Elend und Leid das Christentum und der Islam im Laufe der Geschichte über Menschen gebracht haben, ist bekannt. Ihre besten Zeiten hatten sie dagegen immer dann, wenn ihr religiöser Impetus in den Hintergrund trat. Das war beim Islam im Mittelalter der Fall, als er sich durch ein hohes Maß an Humanität auszeichnete, während das Christentum seine Kreuzzüge* inszenierte. Dabei wurde, wie bei allen so genannten »Religionskriegen«, den Eroberungen und Beutefeldzügen ein religiöses Mäntelchen umgehängt; um die Religion ging es dabei am wenigsten.

Wer heute zu Recht kritisiert, dass islamische Fundamentalisten und Selbstmordattentäter den Islam für ihre terroristischen Absichten missbrauchen, sollte nicht verschweigen, dass die Instrumentalisierung einer Religion zu Kriegszwecken keine neue Erfindung ist und dass es im Wesen jeder Religion liegt, sich in dieser Weise missbrauchen zu lassen. Nur ein kritischer Glaube kann Christen vor den Gefahren schützen, denen jede Religion ausgesetzt ist. Jesus hat es mit seiner Kritik am Judentum seiner Zeit vorgemacht und alle Menschen zu einem neuen theistischen Welt- und Existenzverständnis eingeladen.

In neuerer Zeit hat vor allem Dietrich Bonhoeffer einem nicht religiösen Verständnis des Christentums das Wort geredet. Nach dem Krieg wurde Bonhoeffer zwar als Widerstandskämpfer geehrt, seine Gedanken zu einem religionslosen Christentum dagegen schob man schnell beiseite. Man schrieb ihre Entstehung den Schrecken des Krieges, der nationalsozialistischen Barbarei und Bonhoeffers deprimierenden persönlichen Lebensumständen zu und hielt sie für eine zeitbedingte Episode ohne Bedeutung für die Zukunft. Angesichts der Tendenz vieler Kirchen und Sekten nicht nur in Amerika, dem Christentum verstärkt religiös-gesetzliche Züge zu verleihen, ist es an der Zeit, sich wieder auf Bonhoeffer zu besinnen.

Glossar

Baal: Der Name dieses kanaanäischen Fruchtbarkeits- und Naturgottes bedeutet »Herr«. Er findet im Alten Testament häufig Erwähnung und wird dort zum Gegenspieler von Jahwe, dem Gott Israels.

Barth, Karl (1886–1968): Der Schweizer reformierte Theologe war zusammen mit → Rudolf Bultmann der bedeutendste protestantische Theologe des 20. Jahrhunderts. Nach zehnjähriger Tätigkeit als Gemeindepfarrer wurde Barth Professor zunächst in Göttingen, dann in Münster und Bonn. 1935 wurde er von den Nationalsozialisten seines Amtes enthoben und ging zurück in sein Heimatland an die Universität Basel, wo er bis 1962 wirkte. Sein Hauptwerk bildet die vielbändige »Kirchliche Dogmatik«. Darin entfaltet er seine Lehre von der voraussetzungslosen Offenbarung Gottes in Jesus Christus. Barths von → Dietrich Bonhoeffer, der ansonsten dessen Theologie schätzte, als »Offenbarungspositivismus« kritisierte Lehre war theologisch weniger progressiv als die Bultmanns, dafür jedoch politisch wirkungsmächtiger. Das »Barmer Bekenntnis« z.B. trägt weitgehend seine Handschrift.

Bergpredigt: So wird die im Matthäusevangelium (5–7) aus vorsynoptischem Spruchgut zusammengestellte, d.h. in dieser Form nie gehaltene Rede bezeichnet, die Matthäus Jesus von einem Berg herab an seine Jünger richten lässt und die teilweise mit der»Feldpredigt« im Lukasevangelium (6,20–40) übereinstimmt. Ihre bekanntesten Teile sind die Seligpreisungen (5,3–12), die Gesetzesverschärfungen (5,21–48), das Vaterunser (6,9–15) und die »Goldene Regel« (7,12: »Alles nun, was ihr wollt, dass euch die Leute tun sollen, das tut ihnen auch!«).

Bonhoeffer, Dietrich (1901–1945): Nach dem Theologiestudium in Tübingen und Berlin und der Habilitation war der Sohn eines Breslauer Psychologieprofessors als Studentenpfarrer in Berlin tätig, seit 1933 als Auslandspfarrer in London. 1935 wurde er zum Leiter des Predigerseminars der »Bekennenden Kirche« in Finkenwalde berufen. Obwohl ihm 1939 während einer Vortragsreise in den USA dort Aufenthalt und Lehrtätigkeit angeboten wurde, kehrte er, zum politischen Widerstand gegen Hitler entschlossen, nach Deutschland zurück. Im Auftrag der Widerstandsbewegung traf er sich 1942 in Schweden mit dem Bischof von Chichester, um die Bedingungen für eine Kapitulation zu eruieren. Bonhoeffer wurde am 5. April 1943 verhaftet und am 9. April 1945 im KZ Flossenbürg u. a. zusammen mit Admiral Canaris hingerichtet.

Bultmann, Rudolf (1884–1976): Er war neben → Karl Barth die überragende Gestalt der evangelischen Theologie des 20. Jahrhunderts in Deutschland. Nach Professuren in Breslau und Gießen lehrte er seit 1921 bis zu seiner Emeritierung 1951 in Marburg. Dort entwickelte er in regem Gedankenaustausch mit dem Existenzphilosophen Martin Heidegger das Programm der so genannten »Entmythologisierung«, die die biblischen Mythen nicht, wie ihm vorgeworfen worden ist, »abschaffen«, sondern »existenzial interpretieren« will. Der Titel seiner mehrbändigen Aufsatzsammlung »Glauben und Verstehen« kann als Motto für sein gesamtes theologisches Wirken verstanden werden.

Fundamentalismus: Die als Fundamentalisten bezeichneten Anhänger dieser zu Beginn des 20. Jahrhunderts in Nordamerika entstandenen Glaubenshaltung verschiedener Kirchen und Sekten bestreiten die Anwendbarkeit der Ergebnisse natur- und geschichtswissenschaftlicher Forschung auf die Bibel. Dem historisch-kritischen Bibelverständnis setzen sie den Glauben an den vom Heiligen Geist eingegebenen Wortlaut der Bibel (Verbalinspiration) entgegen und ignorieren alle Widersprüche in der biblischen Darstellung. Ein häufig mit → Legalismus verbundener Fundamentalismus findet sich auch in anderen Religionen, z.B. im Islam.

Gnosis: Diese mystische Erkenntnis- und Erlösungslehre speist sich aus unterschiedlichen philosophischen und religiösen Quellen, die jedoch alle auf einem Dualismus beruhen. Dem irdisch-materiellen »Demiurgen«, dem »Handwerker« der Weltschöpfung, steht die ätherisch-immaterielle »Lichtgestalt« gegenüber. Sie wird als Sohn der höchsten Gottheit von dieser ausgesandt, um die menschliche Seele zu erlösen, d.h. aus der Dunkelheit zum Licht zu führen. Sie erinnert zweifellos an Jesus. Ihre Selbstaussagen wie »Ich bin der Hirte« oder »Ich bin die Wahrheit« rücken besonders den Jesus des Johannesevangeliums nahe an diese gnostische Gestalt heran.

Haustafeln: Nach dem Ausbleiben der von den Christen der ersten Generation erwarteten Wiederkehr Christi (Parusie) sahen die der zweiten und dritten sich genötigt, ihr alltägliches Zusammenleben zu regeln. Dabei fing man bei der Hausgemeinschaft an. Die Haustafeln der neutestamentlichen Briefliteratur (Kol 3,18–4,1 als älteste; Eph 5,22–6,9; 1 Tim 2,8–15: Tit 2,1–10; 1 Petr 2, 13–3,7) enthalten Verhaltensregeln für die einzelnen Gruppierungen einer Hausgemeinschaft (Eheleute, Eltern und Kinder, Herr und Sklave). Sie entwickeln keinen neuen, spezifisch christlichen Verhaltenscodex, sondern übernehmen die in ihrer Umwelt allgemein akzeptierten Regeln des Zusammenlebens. Das einzig Christliche daran ist der Zusatz, dass sie im Namen des Herrn befolgt werden sollen.

Hoher Rat: Die auch als Synedrium bezeichnete Versammlung unter dem Vorsitz des Hohenpriesters bestand aus 71 Mitgliedern der weltlichen und geistlichen Oberschicht Israels, d.h. vor allem aus → Sadduzäern, später auch aus → Pharisäern. Der Hohe Rat war in allen Rechts- und Religionsangelegenheiten die oberste jüdische Instanz. Seit der Besetzung Israels durch die Römer unterstand er dem römischen Statthalter, dem u.a. die Gerichtsbarkeit über Kapitalverbrechen vorbehalten war.

Jesus people: Um das Jahr 1970 sind in Nordamerika und Europa unabhängig voneinander Jesusbewegungen entstanden, die sich zu Jugendsekten formiert haben. In Deutschland sind die Jesus people Anfang 1971 zunächst in Berlin aus der → Pfingstbewegung hervorgegangen. Sie haben vor allem dadurch auf sich aufmerksam gemacht, dass sie sich intensiv um jugendliche Drogenabhängige gekümmert und bei einigen von ihnen erstaunliche Heilerfolge erzielt haben. Die Jesus-people-Gruppen haben sich heute mehr oder weniger aufgelöst oder sind in anderen Jugendsekten aufgegangen.

Kanon: dt. Richtschnur; von einem Kanon spricht man, wenn eine bestimmte Anzahl von Schriften oder Regeln als unverzichtbar, unveränderbar und verbindlich erklärt worden ist – so geschehen mit den Schriften der heutigen Bibel nach einem langen Sammlungs- und Entscheidungsprozess (Kriterien waren das Alter und die [vermeintliche] Apostolizität der Schriften).

Karlstadt (ca. 1480–1541): Sein eigentlicher Name lautete Andreas Bodenstein. Er war wie Luther Theologieprofessor in Wittenberg, stand diesem zunächst distanziert gegenüber, schlug sich dann jedoch auf die Seite der Reformation. Während Luthers Aufenthalt auf der Wartburg machte er sich zum Fürsprecher einer radikalen Kirchenreform, die u.a. alle Bilder aus den Kirchen verbannen wollte. Aufgrund seiner Schrift »Von Abtuhung der Bylder« (1522) wurde er als geistiger Urheber des so genannten »Bildersturms« für diesen verantwortlich gemacht, auch von Luther, worauf es zum Zerwürfnis zwischen beiden kam. Danach zog Karlstadt sich auf eine Pfarrstelle in Orlamünde zurück, wo er sehr erfolgreich wirkte, bis er nach einem erneuten Streit mit Luther als Unruhestifter aus Sachsen verwiesen wurde.

Kreationisten: Sie teilen mit allen Christen den Glauben an die Schöpfung der Welt durch einen transzendenten intelligenten Willen (Gott), beharren allerdings darauf, dass der Schöpfungsvorgang sich so vollzogen habe, wie er in der Bibel beschrieben steht. Ihr → fundamentalistisches Bibelverständnis übersieht jedoch, dass die Bibel in 1 Mose 1 und 2 zwei sich widersprechende Darstellungen des Schöpfungsaktes liefert. Um ihrer Ablehnung der Darwinschen Evolutionstheorie einen modernen Anstrich zu verleihen, haben sie die pseudowissenschaftliche Lehre vom »Intelligent Design« entwickelt. In den USA, wo der Kreationismus viele Anhänger hat, versuchen diese, die Evolutionstheorie aus den Lehrplänen der Schulen zu verbannen.

Kreuzzüge: Wenn das berühmte Standardwerk »Auszug aus der Geschichte« (»Ploetz«) die insgesamt sieben Kreuzzüge zwischen 1096 und 1270 als »großartigsten Ausdruck« für »die Einheit des christlichen Abendlandes, das Gut und Blut für eine religiöse Idee opfert«, bezeichnet (Würzburg: Ploetz 1960, S. 448), so zeigt dies eine idealistisch verklärte Sicht der Dinge. Mag man dem Zisterzienser-Abt und Kreuzzugsprediger Bernhard von Clairvaux (1091–1153) sein religiöses Anliegen, die heiligen Stätten der Christenheit in Jerusalem aus den Händen der Muslime befreit zu wissen, noch abnehmen, so dürfte den Päpsten als Initiatoren der Kreuzzüge die Aussicht auf Ausdehnung ihres Machtbereichs mindestens ebenso wichtig gewesen sein. Den Königen und Rittern ging es ohnehin in erster Linie um die Eroberung von Land und den Gewinn von Reichtümern. Doch sowohl für das Papsttum als auch für das Rittertum waren die Kreuzzüge ein Misserfolg.

Legalismus: Tritt die Befolgung von Gesetzen in den Mittelpunkt einer Religion und entscheidet die Gesetzesfrömmigkeit über die Zugehörigkeit zu ihr, spricht man von Legalismus. Neben dem Judentum gilt der von Zarathustra gestiftete Parsismus als typische Gesetzesreligion. Aber auch Islam und Katholizismus zeigen deutlich legalistische Züge. Da alle Glaubensgemeinschaften implizit oder explizit eine Ethik entwickeln, besteht für jede von ihnen die Gefahr, in Legalismus zu verfallen. Ähnlich wie die Überbetonung des Kultischen kann auch der Legalismus zu einer Veräußerlichung des Glaubens führen.

Monotheismus: Der Glaube an einen einzigen Gott schließt die Existenz anderer Götter aus. Er gilt im Vergleich zum → Polytheismus als religionsgeschichtliche Spätform.

Messias: dt. der Gesalbte, griech./lat. Christus; gesalbt wird im Alten Testament der erste König Israels, Saul (1 Sam 10,1), als Zeichen seiner göttlichen Erwählung, nach ihm David und Salomo. Der Zerfall des Königreiches Israel und der Verlust seiner politischen Selbstständigkeit führte zur politisch-religiösen Sehnsucht nach einem neuen, starken König, einem Gesalbten in der Nachfolge Davids. Diesen Titel, Messias, übertragen die ersten Christen (daher ihr Name) auf Jesus, den Gekreuzigten und Auferstandenen; allerdings geben sie dem Titel einen neuen Inhalt – nicht politisch, sondern existenziell ist Jesus der verheißene Erlöser.

Mün(t)zer, Thomas (1468 o. 1489–1525): Den früh für die Reformation gewonnenen, gebildeten Theologen vermittelte Luther 1520 als Prediger nach Zwickau. Dort geriet Müntzer unter den Einfluss der so genannten »Zwickauer Propheten«, einer Gruppe von Mystikern, und pries statt Luthers Rechtfertigung die Leid-Erfahrung als Weg zum Heil. In den mystisch Erleuchteten sah er die sichtbare Kirche, die mit Waffengewalt die Herrschaft Gottes durchsetzen müsse. Er verband sich mit den aufständischen Bauern Mitteldeutschlands, wurde in den Bauernkriegen gefangen genommen und 1525 hingerichtet.

Niemöller, Martin (189–1984): Für den ungeheuren Gesinnungswandel, den der deutsche Protestantismus in der relativ kurzen Zeit zwischen dem Wilhelminischen Kaiserreich und der Gründung der Bundesrepublik vollzogen hat, kann Niemöllers Lebensweg, den er z.T. in seiner Autobiografie »Vom U-Boot zur Kanzel« (1934) beschrieben hat, als exemplarisch gelten. Als kaisertreuer U-Bootkommandant im Ersten Weltkrieg verurteilte er den Kieler Aufstand der Matrosen in den letzten Kriegstagen. Nach seinem Theologiestudium war er von 1924 bis 1930 Geschäftsführer der Inneren Mission in Münster. Seine politische Abstinenz gab er, inzwischen Pfarrer in Berlin-Dahlem, nach der Machtergreifung der Nationalsozialisten auf. Er gründete den »Pfarrernotbund« und wurde zu einem führenden Mitglied der »Bekennenden Kirche«. Nach seiner Verhaftung, dem Prozess und dem Freispruch 1934 wurde er von der Gestapo erneut verhaftet und ohne Gerichtsprozess bis zum Ende des Krieges im KZ Sachsenhausen gefangen gehalten. 1945 war Niemöller einer der Initiatoren des »Stuttgarter Bekenntnisses«. Mit seiner Ablehnung der einseitigen Westbindung der Bundesrepublik, deren Wiederbewaffnung und der Atomrüstung machte er sich als unbequemer Christ in der Ära Konrad Adenauers wenig Freunde.

Orthodoxie, altprotestantische: Luther hat kein System einer reformatorischen Theologie entwickelt. Fast alle seiner Schriften sind aus aktuellen Anlässen heraus entstanden. Erst in nachlutherischer Zeit gingen evangelische Theologen, allen voran Luthers Wittenberger Mitstreiter Philipp Melanchthon (1497–1560) daran, den protestantischen Glauben in ein dogmatisches Lehrsystem zu fassen. Das führte zu einer Erstarrung des lebendigen Glaubens.

Petrusevangelium: Es gehört wie das → Thomasevangelium zu den apokryphen, d.h. nicht in den neutestamentlichen Kanon aufgenommenen Schriften. Schon früh wurde erkannt, dass es erst spät entstanden ist und Petrus nicht sein Verfasser sein kann. Erhalten geblieben sind nur Bruchstücke, Teile der Passionsgeschichte und die Beschreibung des Auferstehungsvorgangs, der sich vor den Augen zahlreicher Zeugen und in Anwesenheit römischer Soldaten abspielt.

Pfingstbewegung: Erweckungsbewegungen, die mit dem → Pietismus einsetzten, hat es im Protestantismus immer wieder gegeben. Zu ihnen ist auch die Pfingstbewegung zu rechnen, die 1906 in Nordamerika entstand, als »das Feuer Gottes« auf eine Versammlung von Gläubigen fiel, was als neues Pfingsten und als Geistempfang gefeiert wurde. Neben dem nahezu allen Sekten gemeinsamen →fundamentalistischen Bibelverständnis kennzeichnet Erweckungsbewegungen das Bekehrungserlebnis (bei den Pfingstlern die Geisttaufe), Wunderheilungen und eine intensive Missionstätigkeit aller Sektenmitglieder. Diese Kennzeichen finden sich auch bei den → Jesus people.

Pharisäer: Diese religiöse Gruppierung entstand im Judentum des zweiten vorchristlichen Jahrhunderts. Ihr Name (»Abgesonderte") weist auf ihr Bestreben hin, sich von allem Unreinen fern zu halten. Ihre vorbildliche Gesetzestreue verschaffte ihnen zur Zeit Jesu hohes Ansehen im Volk und großen Einfluss im → Hohen Rat. Den politischen Kampf gegen die römische Besatzungsmacht lehnten sie im Gegensatz zu den → Zeloten ab. Sie glaubten, mit der peinlich genauen Einhaltung der Gesetze das Gottesreich herbeizwingen zu können. Ihr zur Schau getragnes Bewusstsein religiöser Überlegenheit wurde von Jesus heftig kritisiert.

Pietismus: Die → altprotestantische Orthodoxie hatte zu einer Erstarrung des geistlichen Lebens in den Gemeinden geführt. Als Gegenbewegung dazu entstand in der zweiten Hälfte des 17. Jahrhunderts der Pietismus (von lat. pietas: Frömmigkeit), der den Protestantismus wieder stärker von einem lebendigen Glauben statt von der gelehrten Theologie bestimmt sehen wollte. Die bedeutendsten Vertreter des Pietismus waren Philipp Jakob Spener (1635–1705) und August Herman Francke (1663–1927). Wie alle Erweckungsbewegungen in seiner Nachfolge legte der Pietismus besonderen Wert auf das Bekehrungserlebnis, den Augenblick der Erweckung, der nach Ort und Stunde genau angegeben werden kann. 1726 gründete der im pietistischen Geist erzogene Graf Zinzendorf auf seinem Gut die »Herrnhuter Brüdergemeine«.

Polytheismus: Der Glaube an viele Götter mit unterschiedlichen Zuständigkeitsbereichen steht dem → Monotheismus gegenüber. Bei der Entscheidung der religionsgeschichtlich interessanten Frage, welche von beiden Glaubensformen die ältere ist, spricht mehr für den Polytheismus. Es erscheint plausibler, dass sich im Laufe der Zeit einer der Götter gegen die anderen durchgesetzt hat, als dass die Kompetenzen des ursprünglich einzigen Gottes auf immer mehr Götter aufgeteilt wurden.

Qumran: Im Jahre 1947 entdecken Hirten zufällig Tonkrüge mit Schriftrollen aus der Zeit zwischen 200 v. Chr. und 70 n. Chr. in Berghöhlen oberhalb des Nordwestufers des Toten Meers. Auf der Suche nach denjenigen, die diese Schriften dort in Sicherheit gebracht haben könnten, stießen Archäologen bei Grabungen in dem Ruinenfeld unterhalb der Höhlen auf die Überreste einer Siedlung aus der Entstehungszeit der Schriften. Besonders auffallend waren die zahlreichen Wasserbecken, die kultischen Zwecken, rituellen Waschungen, gedient haben könnten. Man nimmt deshalb an, dass dort Angehörige der jüdischen Sekte der Essener in klosterähnlicher Gemeinschaft gelebt haben, zu der auch Johannes der Täufer eine Zeit lang gehört oder zumindest Kontakt gehabt haben könnte.

Sadduzäer: Die Mitglieder der etwa gleichzeitig mit den → Pharisäern entstandenen religiösen Gruppierung im Judentum entstammten überwiegend der Priester- und Adelsschicht. Im Gegensatz zu jenen waren sie weltoffen und politisch interessiert. Im → Hohen Rat gaben sie lange Zeit den Ton an.

Sakramente: Jesu Heilsvermittlung vollzieht sich auf zwei Weisen, die einander ergänzen und eine untrennbare Einheit bilden: als Wort und als Tat. Diese Dopplung wollte die kirchliche Verkündigung beibehalten, wobei die Tat durch die Sakramente repräsentiert wird. Sakramente sind heilige Kulthandlungen, die je nach Verständnis mehr mystischen oder mehr symbolischen Charakter haben und die das historisch einmalige Wirken Jesu über Raum und Zeit hinweg erfahrbar machen sollen.

In den verschiedenen christlichen Kirchen haben die Sakramente eine unterschiedliche Gewichtung erhalten. Das zeigt sich zum einen daran, dass im evangelischen Gottesdienst die Wortverkündigung im Vordergrund steht, in der katholischen Messe hingegen die Feier des Abendmahls (Eucharistie). Zum anderen kennt die katholische Kirche sieben Sakramente (Taufe, Abendmahl, Buße, Firmung, Ehe, Priesterweihe, letzte Ölung), von denen die evangelische nur die beiden ersten gelten lässt, da allein sie nach Luthers Auffassung von Jesus selbst eingesetzt worden seien. Nach katholischem Verständnis wirkt das Sakrament aus sich selbst heraus, während seine Wirkung nach evangelischem Verständnis an den Glauben seines Empfängers gebunden ist.

Thomasevangelium: So werden irritierender Weise zwei verschiedene apokryphe Textsammlungen bezeichnet: zum einen die mit legendenhaften Kindheitsgeschichten Jesu, zum anderen die mit 114 einzelnen Jesusworten, die z.T. Parallelen in den → kanonischen Evangelien haben.

Zeloten: Diesen Namen, der »Eiferer« bedeutet, gab sich eine religiöse Gruppierung, die sich erst zur Zeit Jesu in Israel formierte. Sie ist aus gesetzestreuen Kreisen hervorgegangen, glaubte aber nicht wie die → Pharisäer, durch strenge Befolgung der Gesetze allein das Kommen der Gottesherrschaft herbeiführen zu können. Sie war vielmehr überzeugt, dies durch den bewaffneten Widerstand gegen die römische Besatzungsmacht erreichen zu können. Die Niederschlagung des jüdischen Aufstandes im Jahre 70 bedeute das Ende für die Zeloten.

Zöllner: Das Recht, an Durchgangsstraßen und Brücken Zoll zu erheben, konnten Juden von der römischen Besatzungsmacht ersteigern. Um auf ihre Kosten zu kommen, erhöhten die Zolleinnehmer eigenmächtig die Tarife. Als Beutelschneider im Dienste der Römer waren sie bei der Bevölkerung doppelt verhasst. Ihr soziales Ansehen rangierte noch unter dem von Schweinehirten.